Rabia

Stephen King
escribiendo como Richard Bachman

Rabia

Ediciones Martínez Roca, S. A.

Traducción de Hernán Sabaté
Diseño cubierta: Geest/Hoverstad
Foto: Les Edwards/Young Artists/Thomas Schlück

Título original: *Rage*, publicado por The New American Library, Inc., Nueva York

© 1977 by Richard Bachman
© 1987, Ediciones Martínez Roca, S. A.
Enric Granados, 84, 08008 Barcelona
ISBN 84-270-1150-4
Depósito Legal: B. 24563 - 1990
Impreso por Libergraf, S. A., Constitució, 19, 08014 Barcelona

Impreso en España · Printed in Spain

*Para Susan Artz
y WGT*

Así, se entiende que cuando aumentamos el número de variables, los axiomas en sí no sufren cambios.

SEÑORA JEAN UNDERWOOD

Maestra, maestra, toca la campana,
mi lección te recitaré mañana,
y cuando llegue el final del día
habré aprendido más de lo que debía.

Cancioncilla escolar, c. 1880

Stephen King habla sobre las novelas que publicó con el seudónimo de Richard Bachman

«Entre 1977 y 1984 publiqué cinco novelas con el seudónimo de Richard Bachman —acaba de confesar Stephen King—. Hubo dos razones por las cuales al fin me relacionaron con Bachman: en primer lugar, porque los cuatro libros iniciales estaban dedicados a personas muy próximas a mí, y en segundo lugar porque mi nombre apareció en los formularios del registro de propiedad de uno de los libros. Ahora la gente me pregunta por qué lo hice, y aparentemente no tengo respuestas muy satisfactorias. Por suerte, no he matado a nadie, ¿verdad?»

Mientras King firmaba unas novelas con su nombre auténtico, y otras con un seudónimo, también tenía conciencia de que su promedio de obras publicadas superaba los límites de lo normal. En el prólogo que escribió para una edición conjunta de cuatro novelas de «Richard Bachman», Stephen King explicó: «Las cifras habían llegado a una cota muy elevada. Eso influyó. A veces me siento como si hubiera plantado un modesto paquete de palabras y hubiese visto crecer una especie de planta mágica... o un jardín descontrolado de libros (¡MÁS DE CUARENTA MILLONES DE EJEMPLARES EN CIRCULACIÓN!, como se complace en proclamar mi editor)».

King ha adjudicado precisamente a su editor el nacimiento de «Richard Bachman», y lo ha hecho con una alegoría típicamente hilarante y desenfadada: «Yo no creía estar saturando el mercado como Stephen King..., pero mis editores sí lo pensaban. Bachman se convirtió en un elemento de transacción, para ellos y para mí.

Mis *"editores de Stephen King"* se comportaron como una esposa frígida que sólo desea entregarse una o dos veces al año, y que le pide a su marido permanentemente cachondo que se busque una prostituta de lujo. Era a Bachman a quien yo recurría cuando necesitaba desahogarme. Sin embargo, eso no explica por qué experimentaba la incesante necesidad de publicar lo que escribía aunque no precisara dinero».

Stephen King considera que sus novelas firmadas con seudónimo son sinceras: «Por lo menos, las escribí con el corazón, y con una energía que ahora sólo puedo imaginar en sueños». Y añade, para terminar, que quizá habría publicado las cinco novelas con su propio nombre «si hubiera conocido un poco mejor el mundo editorial... Sólo las publiqué entonces (y permito que se reediten ahora) porque siguen siendo mis amigas».

1

La mañana en que la armé era espléndida: una magnífica mañana de mayo. Lo que la hacía magnífica era que ya me había zampado el desayuno, y la presencia de la ardilla que había captado mi atención durante la clase de Álgebra II.

Estaba sentado en la fila más alejada de la puerta, que era la más próxima a la ventana, y acababa de ver a la ardilla en el césped. El césped de la Escuela Secundaria de Placerville es de primera calidad. No hay en él ninguna ñoñería. Llega justo hasta las paredes del edificio y dice: ¡muy buenas! Nadie —al menos en los cuatro cursos que he pasado en la ESP— ha intentado nunca separarlo del edificio con algún puñado de macizos de flores o unas hileras de pinos jóvenes o cualquier otra chorrada por el estilo. Llega justo hasta los cimientos de hormigón y crece allí, guste o no. Es cierto que hace un par de años, en una reunión ciudadana, una vieja propuso que el ayuntamiento levantara frente a la escuela un pabellón, con su monumento y todo, en memoria de los muchachos que habían estudiado en la Escuela Secundaria de Placerville y que luego habían muerto en alguna guerra. Mi amigo Joe McKennedy había asistido a la reunión y me contó que la propuesta no había encontrado más que inconvenientes. Ojalá hubiera estado allí. Por lo que contó Joe, parecía haber sido una reunión muy divertida. Hace un par de años. Según puedo recordar, fue en esa época, más o menos, cuando empecé a perder el control.

2

De modo que ahí estaba la ardilla, correteando por la hierba a las 9.05 de la mañana, a menos de tres metros de donde yo me encontraba escuchando a la señora Underwood, que hacía un repaso de los conceptos fundamentales de álgebra en el día siguiente a un examen terrible que, al parecer, sólo habíamos aprobado Ted Jones y yo. Mi mirada estaba fija en ella. En la ardilla, no en la señora Underwood.

Ésta escribió en la pizarra: $a = 16$.

—Señorita Cross —dijo, dándose la vuelta—. Haga el favor de explicarnos qué significa esa ecuación.

—Significa que a es igual a dieciséis —respondió Sandra.

Mientras, la ardilla corría por el césped de un lado a otro con la cola en alto y unos ojillos negros que brillaban como perdigones. Una ardilla lustrosa y gorda. Últimamente, debía de haber tomado más y mejores desayunos que yo pero, a pesar de ello, el de esa mañana corría por mis tripas ligero y satisfactorio como nunca. No me daba retortijones ni acidez de estómago. Me estaba sentando muy bien.

—Bueno, no está mal —dijo la señora Underwood—. Pero falta algo, ¿verdad? Claro que sí. ¿Alguien quiere explicar con más detalle esta fascinante ecuación?

Levanté la mano, pero la maestra señaló a Billy Sawyer.

—Ocho más ocho —balbuceó éste.

—Explíquese.

—Quiero decir que puede ser... —añadió Billy, inseguro. Sus dedos acariciaron las marcas grabadas en la superficie del pupitre: SM A DK, MIERDA, TOMMY '73—. Veamos, si se suma ocho y ocho, entonces quiere decir que...

—¿Quiere que le deje mi libro? —inquirió la señora Underwood con una sonrisa vivaracha.

El estómago empezó a dolerme un poco y el desayuno se puso a dar vueltas en él, de modo que volví a fijarme en la ardilla durante un rato más. La sonrisa de la maestra me recordó las fauces del escualo que aparecía en *Tiburón*.

Carol Granger levantó la mano. La señora Underwood asintió con la cabeza.

—¿No se refiere a que ocho más ocho cumple también la exigencia de exactitud de la ecuación?

—No sé a qué se refiere su compañero —replicó la señora Underwood.

Hubo una carcajada general.

—¿Podrías encontrar alguna otra manera en que se cumpliera también la exigencia de exactitud?

Carol inició la respuesta y, en aquel preciso instante, se oyó un aviso por el intercomunicador: «Charles Decker al despacho, por favor. Charles Decker. Gracias».

Dirigí la mirada hacia la señora Underwood y ésta hizo un gesto de asentimiento. Empezaba a notar el estómago encogido y viejo. Me puse en pie y salí de la clase. Cuando lo hice, la ardilla estaba todavía retozando.

Me hallaba ya a mitad del pasillo cuando creí oír a la señora Underwood viniendo hacia mí con las manos en alto como dos garras retorcidas y con su gran sonrisa de tiburón. *Aquí no necesitamos muchachos como tú... Los chicos como tú deben estar en Greenmantle... O en el reformatorio... O en el hospital del Estado para enfermos mentales peligrosos... De modo que ¡vete! ¡Fuera! ¡Fuera!*

Di media vuelta, llevándome la mano al bolsillo de atrás en busca de la llave inglesa que ya no guardaba allí. Ahora mi desayuno era una bola dura y ardiente en mis entrañas. Pero no tuve miedo, ni siquiera al ver que no estaba allí. He leído demasiados libros.

3

Me detuve en el baño a echar una meada y comer unas galletas saladas. Siempre llevo algunas galletas en una bolsita. Cuando tienes el estómago mal, unas galletas pueden hacer maravillas. Cien mil mujeres embarazadas no pueden estar equivocadas. Pensé en Sandra Cross, cuya respuesta en clase unos minutos antes no había estado mal, pero le faltaba algo. Pensé en cómo había perdido los botones. Siempre los perdía, se le caían de las blusas, de las faldas y, cierta vez que la había llevado a un baile de la escuela, había perdido el botón de la cintura de sus tejanos y casi se le habían caído. Antes de que se diera cuenta de lo que estaba sucediendo, la cremallera de la parte delantera de los tejanos se le había abierto hasta la mitad, descubriendo una V de braguitas blancas lisas que resultaba oscuramente incitante. Aquellas braguitas eran ajustadas, blancas y sin mancha. Eran inmaculadas. Se apretaban contra su bajo vientre con dulce suavidad y hacían pequeñas arrugas mientras movía el cuerpo siguiendo el compás..., hasta que advirtió lo que sucedía y echó a correr al baño de las chicas. Dejándome con el recuerdo de las Braguitas Perfectas. Sandra era una Buena Chica y, si hasta aquel momento nunca lo había sabido, por Dios que entonces lo supe, porque todos sabemos que las Buenas Chicas llevan las braguitas blancas. Nada de toda esa mierda neoyorquina resulta aceptable en Placerville, Maine.

Pero el señor Denver siguió entrando furtivamente en mis pensamientos, apartando de ellos a Sandra y sus braguitas prístinas. Uno no puede detener los pensamientos; el maldito asunto siempre sigue presente. A pesar de todo, yo sentía una gran sim-

16

patía por Sandy, aunque ella no alcanzaría nunca a descubrir de qué iba todo aquello de la ecuación de segundo grado. Si el señor Denver y el señor Grace decidían enviarme a Greenmantle, quizá no volvería a ver a Sandy. Y eso sería terrible.

Me levanté del inodoro, me sacudí las migajas de las galletas, echándolas dentro de la taza, y tiré de la cadena. Los retretes de las escuelas secundarias son siempre iguales; hacen un ruido como el de un 747 al despegar. Siempre me ha repelido tirar de esas cadenas. Le hacen pensar a uno que el ruido es claramente audible en la clase contigua y que todo el mundo está pensando: Bueno, ahí va otra descarga. Siempre he pensado que un hombre deber estar a solas con lo que mi madre insistía en llamar limonada y chocolate cuando yo era pequeño. El retrete debería ser una especie de confesionario. Pero te frustran. Siempre te frustran. No puedes ni sonarte la nariz sin que se enteren. Siempre tiene que enterarse alguien, siempre tiene que asomarse alguien furtivamente. Y hay personas como el señor Denver y el señor Grace que incluso reciben un sueldo por hacerlo.

Pero para entonces la puerta del baño ya se cerraba con un quejido a mi espalda y yo volvía a estar en el vestíbulo. Hice una pausa y miré alrededor. El único sonido era el zumbido adormecedor que indicaba que volvía a ser miércoles, miércoles por la mañana, las nueve y diez, todo el mundo atrapado un día más en la espléndida telaraña pegajosa de Mamá Educación.

Volví al baño y saqué mi rotulador. Me disponía a escribir en la pared algo ocurrente como SANDRA CROSS LLEVA BRAGUITAS BLANCAS y entonces vi mi rostro en el espejo. Tenía dos medias lunas moradas bajo los ojos, que aparecían muy abiertos, blancos y sobresalientes. Las ventanas de la nariz estaban semiinflamadas. La boca era una línea blanca, retorcida.

Escribí COME MIERDA en la pared hasta que el rotulador se escapó de entre mis tensos dedos. Cayó al suelo y le di una patada.

Se produjo un sonido detrás de mí. No me volví. Cerré los ojos y respiré profunda y lentamente hasta que recuperé el control de mí mismo. Luego me dirigí escalera arriba.

4

Las oficinas de administración de la Escuela Secundaria de Placerville están en la tercera planta, junto a la sala de estudio, la biblioteca y la Sala 300, que es la clase de mecanografía. Cuando pasas la puerta del piso desde la escalera, lo primero que oyes es el constante tacatacata. El único momento en que se detiene es cuando el timbre pone fin a la clase o cuando la señora Green tiene algo que decir. Me parece que normalmente no dice gran cosa, pues las máquinas de escribir apenas se detienen. Hay treinta de ellas en la clase, un pelotón de Underwoods grises con cicatrices de combate. Las tienen marcadas con números para que uno sepa cuál es la suya. El ruido no cesa jamás, tacatacata, tacatacata, desde septiembre hasta junio. Siempre asociaré ese sonido a las esperas en el antedespacho de las oficinas de administración del señor Denver o del señor Grace, el original duo de borrachines. Llegó a parecerse mucho a esas películas de la selva donde el protagonista y su safari se internan por el África más inexplorada y el protagonista dice: «¿Por qué no callarán esos malditos tambores?», y cuando los malditos tambores se callan, el héroe observa la vegetación umbría y llena de ruidos misteriosos y murmura: «No me gusta. Hay demasiado silencio».

Había tardado en llegar al despacho, de modo que el señor Denver ya debía de estar a punto para recibirme, pero la recepcionista, la señorita Marble, se limitó a sonreír mientras me decía:

—Siéntate, Charlie. El señor Denver estará en seguida contigo.

Así pues, me senté en la parte de fuera de la barandilla de separación, junté las manos y esperé a que el señor Denver me recibiera. Y, ¡vaya!, quién estaba en el otro asiento sino uno de los buenos amigos de mi padre, Al Lathrop. También él me dedicó la habitual mirada superficial, lo aseguro. Tenía un maletín sobre las piernas y un montón de libros de texto de muestra al lado. Jamás le había visto con traje hasta entonces. Mi padre y él eran una pareja de grandes cazadores. Solían abatir al temible ciervo de afilados dientes y a la perdiz asesina. Yo había ido de caza una vez con mi padre y Al y un par de amigos más de mi padre. Era una parte de la interminable campaña de papá para Convertir a Mi Hijo en Un Hombre.

—¡Eh, hola! —le dije, y le dirigí una gran sonrisa bobalicona.

Por el modo en que dio un respingo, deduje que lo sabía todo sobre mí.

—¡Ah, hola, Charlie!

Dirigió rápidamente la mirada a la señorita Marble, pero ésta se hallaba enfrascada en el repaso de las listas de asistencia con la señora Venson, del despacho contiguo. No iba a encontrar ayuda allí. Estaba a solas con el hijo psicótico de Carl Decker, el tipo que casi había matado al profesor de física y química.

—Visita de ventas, ¿eh? —le pregunté.

—Sí, exacto. —Sonrió como mejor pudo—. Sí, una ronda para vender mis libros.

—Está difícil la competencia, ¿eh?

Al Lathrop volvió a saltar.

—Bueno, a veces se gana y a veces se pierde. Ya sabes, Charlie.

Sí, ya lo sabía. De pronto, ya no quise seguir pinchándole. Tenía cuarenta años, se estaba volviendo calvo y tenía unas bolsas de cocodrilo bajo los ojos. Iba de escuela en escuela en un Buick familiar cargado de libros de texto y cada año salía de caza durante una semana en noviembre con mi padre y los amigos de éste, allá por el Allagash. Y un año yo había ido con ellos. Tenía entonces nueve años, y me desperté y habían estado emborrachándose y me dieron miedo. Eso fue todo. Pero aquel hombre no era ningún ogro. Sólo era un cuarentón calvo que intentaba hacer unos billetes. Y si le había oído decir que mataría a su esposa, no eran más que palabras. Después de todo, era yo el que tenía las manos manchadas de sangre.

Pero no me gustó el modo en que sus ojos se fijaban en mí y, por un instante —sólo por un instante—, le habría agarrado del gaznate con ambas manos y habría acercado su rostro al mío y le habría gritado: *¡Tú y mi padre y todos vuestros amigos, todos vosotros tendríais que ir allí conmigo, todos deberíais ir a Greenmantle conmigo, porque todos estáis metidos en esto, todos lo estáis, todos formáis parte de esto!*

En cambio, seguí sentado y le vi sudar y recordar los viejos tiempos.

5

Desperté con un brinco de una pesadilla que no había tenido en mucho tiempo; un sueño en el que me encontraba en un oscuro callejón sin salida y algo venía a por mí, un monstruo oscuro y jorobado que rechinaba y se arrastraba..., un monstruo que me volvería loco si lo veía. Un mal sueño. No lo había tenido desde que era pequeño, y ahora ya era un muchacho crecido. Nueve años.

Al principio no reconocí el lugar donde me hallaba; lo único seguro era que no se trataba de mi dormitorio ni de mi casa. Parecía demasiado pequeña y tenía un olor diferente. Estaba frío y acalambrado, y tenía la urgente necesidad de echar una meada.

Un áspero estallido de carcajadas me hizo dar un salto en la cama..., aunque no se trataba de una cama, sino de un saco de dormir.

—De modo que es una especie de jodida vieja —decía Al Lathrop al otro lado de la lona que hacía de pared—, pero precisamente *joder* es la palabra operante aquí.

De acampada. Estaba de acampada con mi padre y sus amigos. Y no había querido ir.

—Sí, pero ¿cómo te la levantas, Al? Eso es lo que quiero saber.

Ése era Scotty Norwiss, otro de los amigos de papá. Su voz era pastosa y velluda, y empecé a tener miedo otra vez. Estaban bebidos.

—Sencillamente, apago la luz y me imagino que estoy con la mujer de Carl Decker —dijo Al, y hubo otro estallido de risas que me hizo encogerme y dar un brinco en mi saco de dormir.

¡Oh, Señor!, era preciso que me levantara a orinar, mear, hacer limonada o como quiera que prefiráis llamarlo. Pero no querría salir allí fuera mientras estuvieran bebiendo y hablando.

Me volví hacia la pared de la tienda y descubrí que podía verles. Estaban entre la tienda y la fogata, y sus sombras, altas y extrañas, se recortaban en la lona. Era como una sesión de linterna mágica. Observé la sombra de la botella que pasaba de una mano a otra.

—¿Sabes qué haría si te pillara con mi mujer? —preguntó mi padre a Al.

—Preguntarme si necesitaba ayuda, probablemente —respondió Al, y de nuevo oí una explosión de carcajadas.

Las sombras alargadas de las cabezas sobre la tienda se movieron arriba y abajo, adelante y atrás, como un coro de insectos. No parecían en absoluto seres humanos. Eran como un grupo de mantis religiosas conversando, y tuve miedo.

—No, en serio —insistió mi padre—. En serio. ¿Sabéis lo que haría si sorprendiera a alguien con mi mujer?

—¿Qué, Carl?

Éste era Randy Earl.

—¿Veis esto?

Una nueva sombra sobre la lona. El machete de caza de mi padre, el que llevaba en las salidas al bosque, el que más tarde le vi utilizar para abrirle la tripa a un ciervo, clavándoselo en el vientre hasta la empuñadura y luego cortando hacia arriba, con los músculos del antebrazo hinchados, derramando unos intestinos verdosos y humeantes sobre una alfombra de musgo y hierba. La luz de la fogata y la inclinación de la lona transformaban el machete en una espada.

—¿Veis a este hijo de puta? Si pillo a un tipo con mi mujer, le salto por la espalda y le corto sus atributos.

—Y tendrá que mear sentado el resto de sus días, ¿no es eso, Carl?

Era la voz de Hubie Levesque, el guía. Me llevé las rodillas al pecho y las rodeé con los brazos. En toda mi vida había tenido tanta necesidad de ir al baño, ni la he tenido después.

—Tienes toda la razón —asintió Carl Decker, mi padre.

—¿Y qué harías con tu mujer, Carl? —preguntó Al Lathrop, que estaba muy borracho. Incluso podía reconocer cuál de las sombras era la suya. Se mecía adelante y atrás como si estuviera sentado en una barca, en lugar de sobre un tronco junto a la fogata—. Eso es lo que quiero saber. ¿Qué harías con una mujer que deja…, que deja entrar a alguien por la puerta de atrás? ¿Eh?

El machete de caza que se había transformado en espada se balanceó lentamente adelante y atrás. Luego, mi padre dijo:

—Los cherokees les cortaban la nariz a las suyas. Lo que pretendían con ello era hacerles un coño en medio de la cara para que toda la tribu viera qué parte de su cuerpo las había metido en problemas.

Mis manos soltaron las rodillas y se deslizaron hasta mis genitales. Los sostuve entre ellas y contemplé la sombra del machete de caza de mi padre moviéndose lentamente adelante y atrás. Tenía unos calambres terribles en el vientre. Si no me daba prisa en levantarme y salir, terminaría meándome en el saco de dormir.

—Cortarles la nariz, ¿eh? —dijo Randy—. Me parece magnífico. Si todavía lo hicieran, la mitad de las mujeres de Placerville tendrían una raja en los dos sitios.

—Mi mujer no —replicó mi padre en voz muy baja.

La voz pastosa de la borrachera había desaparecido, y la carcajada por el chiste de Randy se cortó a la mitad.

—No, claro que no, Carl —murmuró Randy, incómodo—. ¡Eh, mierda! ¡Vamos a echar un trago!

La sombra de mi padre le pasó la botella.

—Yo no le cortaría la nariz —dijo Al Lathrop—. Yo le arrancaría su maldita cabeza traidora.

—¡Eso es! —asintió Hubie—. Beberé por ello.

No pude seguir aguantando. Me deslicé fuera del saco de dormir y noté caer el frío aire de octubre sobre mi cuerpo, desnudo salvo por un pantalón corto. Me pareció que mi cola quería encogerse completamente dentro del cuerpo. Y lo único que seguía dando vueltas y vueltas en mi mente —supongo que estaba medio dormido y que toda la conversación me había parecido un sueño, una continuación quizá del monstruo decrépito del callejón— era que, cuando era más pequeño, solía meterme en la cama de mi madre cuando papá terminaba de ponerse el uniforme y salía hacia su trabajo en Portland, y solía dormir a su lado una hora antes de desayunar.

Oscuridad, miedo, fogatas, sombras como mantis religiosas. No quería salir a aquellos bosques a cien kilómetros de la ciudad más próxima con aquellos hombres borrachos. Quería a mi madre.

Salí por la abertura de la tienda y mi padre se volvió hacia mí. El machete de caza estaba todavía en su mano. Me miró y le devolví la mirada. Jamás he olvidado la escena, mi padre con una mata de barba pelirroja y una gorra de caza ladeada en la cabeza y el machete en la mano. La conversación se detuvo. Quizá se preguntaban qué parte de la charla había podido oír. Quizá incluso estaban avergonzados.

—¿Qué diablos quieres? —preguntó mi padre, envainando el machete.

—Dale un trago, Carl —dijo Randy, con el consiguiente coro de risas.

Al lanzó tal risotada que se cayó al suelo. Estaba borracho del todo.

—Tengo que hacer pis —murmuré.

—¡Pues ve y hazlo, por el amor de Dios! —exclamó mi padre.

Me adentré en la arboleda e intenté orinar. Durante un largo rato no quiso salir. Era como una bola de plomo caliente y blanda en el bajo vientre. No tenía el pene más largo que la uña de un dedo; el frío me lo había encogido completamente. Por fin, me salió en un gran chorro humeante y, cuando hubo terminado de salir, volví a la tienda y me metí en el saco de dormir. Nadie del grupo me miró. Estaban hablando de la guerra. Todos habían estado en la guerra.

Mi padre cazó su ciervo tres días después, el último día del viaje. Yo estaba con él. Le dio de lleno, en el bulto del músculo entre el cuello y el lomo, y el ciervo cayó hecho un ovillo, perdida toda su gracia.

Nos acercamos al cuerpo. Mi padre sonreía de felicidad. Había desenvainado el machete. Comprendí lo que iba a suceder y supe que iba a vomitar, y no pude evitar ninguna de las dos cosas. Colocó un pie a cada lado del venado, tiró hacia atrás de una de las patas traseras y le hundió el machete. Un movimiento rápido hacia arriba y los intestinos se derramaron por el lecho del bosque, y yo me puse de espaldas y devolví el desayuno.

Cuando le miré de nuevo, mi padre estaba observándome. No dijo una palabra, pero leí en sus ojos el disgusto y la decepción. Ya los había visto bastantes veces. Yo tampoco dije nada pero, si hubiera sido capaz de hacerlo, le habría dicho: «No es lo que piensas».

Ésa fue la primera y la última vez que salí de caza con mi padre.

6

Al Lathrop seguía hojeando sus libros de texto, simulando hallarse demasiado ocupado para hablar conmigo, cuando el intercomunicador de la mesa de la señorita Marble emitió un zumbido y ella me sonrió como si compartiéramos un gran secreto, algo sexual.

—Ya puedes entrar, Charlie.

Me puse en pie.

—Que vendas esos libros, Al.

El hombre me dirigió una sonrisa breve, nerviosa, falsa.

—Eso espero, Charlie.

Pasé al otro lado de la barandilla, dejé atrás la gran caja fuerte incrustada en la pared de la derecha y la mesa desordenada de la señorita Marble a la izquierda. Enfrente había una puerta con un gran cristal helado. Sobre el cristal había un rótulo grabado: THOMAS DENVER, DIRECTOR. Entré.

El señor Denver hojeaba *El Clarín*, el periodicucho de la escuela. Era un hombre alto, cadavérico, que se parecía ligeramente a John Carradine. Enjuto y calvo, tenía unas manos grandes y de prominentes nudillos. Llevaba la corbata aflojada y el botón superior de la camisa desabrochado. La piel de su pescuezo se veía irritada y grisácea por un exceso de afeitado.

—Siéntate, Charlie.

Me senté y junté las manos. Soy un gran juntador de manos. Es un gesto que aprendí de mi padre. Por la ventana situada detrás del señor Denver pude ver el césped, pero no el modo intrépido en que éste crecía hasta la misma pared del edificio. Estaba demasiado arriba, y era una lástima. Quizá habría servido de algo, como esas luces de noche cuando uno es pequeño.

El señor Denver dejó a un lado *El Clarín* y se recostó hacia atrás en su sillón.

—Es un poco duro verse así, ¿no?

Emitió un gruñido. El señor Denver era un excelente gruñidor. Si hubiera un Concurso Nacional de Gruñidos, apostaría todo mi dinero por el señor Denver. Aparté los cabellos que me caían sobre los ojos.

El señor Denver tenía una foto de su familia sobre el escritorio, que estaba todavía más desordenado que el de la señorita Marble. La familia parecía bien alimentada y bien integrada. Su esposa tenía cierto aire de cebón, pero las dos niñas parecían despiertas como botones de hotel y no recordaban en nada a John Carradine. Dos chiquillas, ambas rubias.

—Don Grace ha terminado su informe y lo tengo en mi poder desde el jueves pasado. He estado estudiando sus conclusiones y recomendaciones con el mayor detenimiento. Todos somos conscientes de la gravedad del asunto, y me he tomado la libertad de discutir este tema con John Carlson, también.

—¿Cómo está? —pregunté.

—Bastante bien. Creo que podrá reincorporarse en un mes.

—Bueno, algo es algo.

—¿De veras?

El señor Denver parpadeó aceleradamente con los ojos fijos en mí, como hacen los lagartos.

—No le maté. Algo es algo.

—Sí. —El señor Denver siguió mirándome fijamente—. ¿Acaso te gustaría haberlo hecho?

—No.

Se inclinó hacia adelante, acercó el sillón al escritorio, me observó, movió la cabeza y empezó a decir:

—Estoy muy sorprendido de tener que hablarte como voy a hacerlo, Charlie. Sorprendido y apenado. Llevo tratando con niños y jóvenes desde mil novecientos cuarenta y siete y todavía no puedo entender estas cosas. Considero que lo que debo decirte es correcto y necesario, pero sigue desagradándome tener que hacerlo. Porque sigo sin entender las razones para que suceda una cosa así. En mil novecientos cincuenta y nueve tuvimos aquí a un

27

chico muy brillante que dejó malherida a golpes a una chica de primer curso de secundaria con un bate de béisbol. Finalmente, tuvimos que enviarle al Instituto Correccional de South Portland. Lo único que el muchacho decía era que la chica no quería salir con él. Y luego sonreía.

El señor Denver meneó la cabeza.

—No se moleste —le dije.

—¿Cómo?

—No se moleste tratando de comprender. No pierda el sueño con eso.

—Pero ¿por qué, Charlie? ¿Por qué lo hiciste? Dios mío, estuvo cuatro horas en la sala de operaciones...

—*Por qué* es una pregunta que debe hacer el señor Grace —repliqué—. Él es el psiquiatra de la escuela. Usted, usted sólo lo pregunta porque es una buena entrada para su sermón. No quiero escuchar más sermones. Estoy harto de su mierda de sermones. Se acabó. El tipo sólo podía seguir vivo o morir. Vive. Me alegro. Usted haga lo que deba hacer. Lo que usted y el señor Grace hayan decidido hacer. Pero no trate de entenderme.

—Entenderte es parte de mi trabajo, Charlie.

—Pero ayudarle a hacer su trabajo no es parte del mío —repliqué—. Así que déjeme decirle una cosa. Para poder establecer una buena línea comunicativa, digamos. ¿De acuerdo?

—De acuerdo.

Apreté las manos con fuerza sobre el regazo. Me temblaban.

—Estoy harto de usted y del señor Grace y de todos los demás. Antes me daban miedo, y todavía siguen dándomelo, pero ahora también me tienen harto y he decidido que no tengo por qué seguir aguantando. Tal como soy, no puedo seguir aguantándoles. Me importa un bledo lo que usted piense. No está usted en condiciones de tratar conmigo, de modo que no se meta. Se lo advierto. No está usted en condiciones.

Mi voz había crecido hasta convertirse casi en un grito tembloroso. El señor Denver emitió un suspiro.

—Quizá lo creas así, Charlie, pero las leyes del estado dicen otra cosa. Después de leer el informe del señor Grace, creo que estarás de acuerdo conmigo en que no te comprendes a ti mismo ni entiendes las consecuencias de lo que hiciste en la clase del señor Carlson. Estás trastornado, Charlie.

Estás trastornado, Charlie.

Los cherokees les cortaban la nariz... para que toda la tribu viera qué parte de su cuerpo las había metido en problemas.

Las palabras sonaron de nuevo en mi mente, difusas, como desde una gran profundidad. Eran palabras como tiburones, como mandíbulas erizadas de dientes que acudían a devorarme. Palabras con dientes y ojos.

Fue allí y entonces cuando empezó a darme. Lo supe porque estaba sucediendo de nuevo lo mismo que había sucedido justo antes del asunto del señor Carlson. Las manos dejaron de temblarme. Las palpitaciones de mi estómago remitieron y noté todo mi cuerpo frío y tranquilo. Me sentí distanciado, no sólo del señor Denver y su gaznate afeitado en exceso, sino también de mí mismo. Estaba casi flotando.

El señor Denver había continuado su perorata, algo sobre asesoramiento adecuado y ayuda psiquiátrica, pero le interrumpí:

—Mire, viejo, puede usted irse de cabeza a la mierda.

Se detuvo y dejó en el escritorio el papel que había estado repasando para no tener que mirarme a la cara. Algún documento de mi expediente, sin duda. El todopoderoso expediente. El Gran Expediente Norteamericano.

—¿Cómo? —exclamó.

—A la mierda. No juzguéis y no seréis juzgados. ¿Algún caso de locura en su familia, señor Denver?

—Sólo quiero hablar de esto contigo, Charlie —dijo él con voz tensa—. No tengo intención de dejarme arrastrar a...

—... a prácticas sexuales inmorales —terminé la frase por él—. Usted y yo a solas, ¿vale? El primero en correrse se lleva el Premio a la Mejor Fraternidad de Estudiantes. Meta la mano, hombre. Haga entrar también al señor Grace, eso será aún mejor. Haremos una cama redonda.

—¿Qué...?

—¿No me ha entendido? Alguna vez tiene que salir todo, ¿no

es cierto? Se lo debe a sí mismo, ¿no? Todo el mundo tiene que dispararse alguna vez, todo el mundo tiene que tener a alguien en quien descargar. Usted ya se ha metido a Juez de lo que es Bueno para Mí. Demonios. Posesión diabólica. ¡Oh, Señor, Señor!, ¿por qué golpeé a esa chica con el bate? ¡El diablo me obligó a hacerlo y ahora lo siento tantísimo! ¿Por qué no lo reconoce? Le complace poder disponer de mí. Soy lo mejor que le ha sucedido desde mil novecientos cincuenta y nueve.

Me miraba boquiabierto. Le tenía bien agarrado, lo sabía y me sentía salvajemente orgulloso de ello. Por un lado, él quería seguirme la corriente, mostrarse de acuerdo conmigo; después de todo, era así como uno debía portarse con los perturbados mentales, ¿no? Por otro lado, como él decía, llevaba mucho tiempo tratando con niños y jóvenes y la Regla Número Uno en este campo es: No Les Permitas Que Te Respondan; sé rápido en dar órdenes y tajante en las contrarréplicas.

—Charlie...

—No se moleste. Estoy tratando de decirle que me he cansado de que se masturben encima de mí. ¡Sea un hombre, por el amor de Dios, señor Denver! Y si no puede serlo, por lo menos abróchese los pantalones y sea un director cabal.

—¡Cállate! —gruñó. Su rostro había adquirido un color rojo encendido—. Tienes mucha suerte de vivir en un estado progresista y de ser alumno de una escuela progresista, muchacho. ¿Sabes dónde estarías de lo contrario? Presentando tus documentos en algún reformatorio, cumpliendo una condena por agresión criminal. Y no estoy seguro de que no sea ahí donde deberías estar, de todos modos. Tú...

—Gracias —le interrumpí.

El señor Denver me miró con sus coléricos ojos azules fijos en los míos.

—Gracias por tratarme como un ser humano aunque haya tenido que enfurecerle para conseguirlo. Ahora sí que hemos avanzado. —Crucé las piernas, con aire indiferente—. ¿Quiere que hablemos de las expediciones a la caza de braguitas que causaron tanto escándalo en la Gran Universidad mientras estudiaba allí cómo tratar con niños y jóvenes?

—Tienes una lengua repugnante —respondió él con palabras pausadas y meditadas—. Igual que tu cerebro.

—¡Jódete! —exclamé, y me eché a reír burlándome de él.

El señor Denver enrojeció hasta adquirir un tono escarlata aún más intenso y se puso en pie. Alargó la mano por encima del escritorio muy lentamente, como si necesitara un engrasado, y retorció entre sus dedos el cuello de mi camisa.

—Trátame con respeto —masculló. Realmente había perdido la sangre fría, y ni siquiera se molestaba ya en utilizar su auténtico gruñido de primera categoría—. Pequeño miserable corrompido, muéstrame algún respeto.

—Le mostraría el culo para que le diera un beso —repliqué—. Vamos, cuénteme cómo eran esas expediciones de caza de braguitas. Se sentirá mejor. ¡Tiradnos las braguitas! ¡Tiradnos las braguitas!

Me soltó, y mantuvo apartada la mano de su cuerpo como si un perro rabioso acabara de agarrarse a ella.

—Sal de aquí —exclamó con voz ronca—. Recoge los libros, entrégalos aquí y luego vete. Tu expulsión y tu traslado a la Academia Greenmantle se harán efectivos el lunes. Lo comunicaré a tus padres por teléfono. Ahora, vete. No quiero tener que mirarte un segundo más.

Me puse en pie, me desabroché los dos botones inferiores de la camisa, saqué uno de los faldones de ésta por encima del pantalón y me bajé la cremallera de la bragueta. Antes de que el director pudiera reaccionar, abrí la puerta y salí dando trompicones al antedespacho. La señorita Marble y Al Lathrop estaban conversando junto al escritorio de la secretaria y ambos levantaron la vista y dieron un respingo al verme. Evidentemente, habían estado practicando el gran juego de salón norteamericano del En Realidad No Les Hemos Oído, ¿Verdad?

—Será mejor que se ocupen de él —dije entre jadeos—. Estábamos ahí sentados hablando de las cacerías de braguitas cuando, de pronto, ha saltado por encima del escritorio y ha intentado violarme.

Le había impulsado a saltarse los límites, a salirse de sus casillas, lo cual no era poco, teniendo en cuenta que llevaba veintinueve años tratando con niños y jóvenes y que, probablemente, sólo le quedaban diez más para recibir la llave de oro del cagadero del piso inferior. El señor Denver arremetió contra mí desde la puerta del despacho; le esquivé con una finta y se quedó plantado en medio del antedespacho con un aspecto furioso, estúpido y culpable, todo a un tiempo.

—¡Hagan que alguien se ocupe de él! —insistí—. Se tranquilizará cuando se saque eso del cuerpo.

Observé al señor Denver, le guiñé un ojo y susurré:

—Tiradnos las braguitas, ¿eh?

Luego pasé al otro lado de la barandilla de separación y salí lentamente del antedespacho mientras me abrochaba los botones de la camisa, metía de nuevo los faldones de ésta dentro del pantalón y me subía la cremallera. Tuvo mucho tiempo para decir algo, pero permaneció en total silencio.

Entonces fue cuando las cosas se dispararon de verdad, porque de pronto supe que el hombre no podía decir una palabra. Le salía muy bien lo de anunciar el menú caliente del día por el intercomunicador, pero aquello era muy distinto..., deliciosamente distinto. Me había enfrentado a él precisamente con lo que él había dicho que constituía mi problema, y no había sido capaz de dominarme. Quizá había esperado que todo se limitaría a unas sonrisas y unos apretones de manos, y que mis siete semestres y medio de estancia en la Escuela Secundaria de Placerville terminarían con una crítica literaria de *El Clarín*. Pero a pesar de todo, del señor Carlson y de todo lo demás, el señor Denver no había esperado enfrentarse a un comportamiento irracional. Aquellas cosas sólo estaban destinadas a los retretes, amontonadas junto a esas revistas asquerosas que jamás enseñaría uno a su esposa. Se había quedado allí, con las cuerdas vocales heladas, sin una sola palabra que decir en su mente. Ninguna de sus Directrices para el Trato con el Menor Perturbado Mental le había advertido que quizá algún día tendría que tratar con un alumno que le atacaría a nivel personal.

Y que eso le sacaría muy pronto de sus casillas. Lo cual le hacía peligroso. ¿Quién podía saberlo mejor que yo? Iba a tener que protegerme. Estaba dispuesto a ello; lo había estado desde el mismo momento en que llegué a la conclusión de que la gente podía —simplemente podía, repito— estar siguiéndome y haciendo comprobaciones.

Le di la oportunidad.

Esperé a que saliera y me agarrara; lo esperé durante todo el recorrido hasta la escalera. No deseaba la salvación. Ya había sobrepasado ese punto, o quizá nunca lo había alcanzado. Lo único que deseaba era reconocimiento... o, tal vez, que alguien trazara un círculo amarillo de apestado alrededor de mis pies.

Pero no salió.

Y al no hacerlo, continué adelante y me dejé llevar por mis impulsos.

7

Bajé la escalera silbando; me sentía espléndidamente. A veces, las cosas suceden así. Cuando todo está peor, tu mente lo manda todo a la papelera y se marcha un rato a Florida. Y se produce un repentino destello eléctrico (¡qué diablos!) mientras te quedas allí, mirando hacia atrás por encima del hombro hacia el puente que acabas de quemar.

Una chica que no conocía se cruzó conmigo en el rellano de la segunda planta, una chica fea y llena de granos que llevaba unas gafas grandes con montura de asta y sostenía un montón de libros de secretariado. Tuve el impulso de volverme para observarla por detrás. Sí, sí. Por detrás podía haber sido la propia Miss América. Era maravilloso.

8

El vestíbulo de la primera planta estaba desierto. Ni un alma entrando o saliendo. El único ruido era el zumbido del avispero, ese sonido que llena por igual todas las escuelas, tanto las modernas de paredes acristaladas como las antiguas que apestan a barniz para el suelo. Los armarios roperos se alineaban en hileras como silenciosos centinelas, con huecos aquí y allá para dejar sitio a un surtidor de agua o a la puerta de un aula.

Álgebra II era en el Aula 16, pero mi ropero estaba en el otro extremo del vestíbulo. Me dirigí hacia él y lo contemplé.

Mi ropero. Así lo indicaba: CHARLES DECKER, escrito pulcramente por mi propia mano en una etiqueta de papel adhesivo Con-Tact proporcionado por la escuela. Cada mes de septiembre, durante el primer encuentro en la sala de reuniones, se procedía al reparto de las etiquetas de Con-Tact en blanco. Escribíamos cuidadosamente nuestros nombres en ellas y, durante el descanso de dos minutos entre la reunión inaugural de los compañeros de curso y la primera clase del nuevo año escolar, procedíamos a pegarlas en nuestras respectivas taquillas. El ritual era tan antiguo y sagrado como la Primera Comunión. El primer día de mi segundo curso, Joe McKennedy salió a mi encuentro en el abarrotado vestíbulo con su etiqueta de Con-Tact pegada en la frente y una gran sonrisa bobalicona pegada en los dientes. Cientos de horrorizados novatos, cada uno con su pequeña tarjeta de identificación amarilla prendida en la camisa o la blusa, se volvieron para contemplar aquel sacrilegio. Casi me da un ataque de risa. Naturalmente, Joe se ganó un castigo por aquello, pero fue lo mejor del día para mí. Cuando lo recuerdo, creo que fue lo mejor del año.

Y allí estaba yo, justo entre ROSANNE DEBBINS y CARLA DENCH, que cada mañana se empapaba en agua de rosas, lo cual no me había sido de gran ayuda para mantener mi desayuno en el estómago como era debido durante el último semestre.

¡Ah!, pero todo aquello quedaba ya muy atrás.

Un ropero gris, de metro y medio de altura, cerrado con candado. Los candados se repartían a principio de curso con las etiquetas de Con-Tact. Titus, el candado, anunciaba su nombre. Ciérrame, ábreme. Soy Titus, el Candado A Tu Servicio.

—¡Titus, viejo trasto! —murmuré—. ¡Titus, trasto inútil!

Extendí la mano hacia Titus y me pareció que la mano se alargaba mil kilómetros hasta tocarlo, una mano al final de un brazo de plástico que se estiraba sin dolor y sin nervios. La superficie numerada de la negra cara frontal de Titus me contempló imperturbable, sin condenar mi actitud pero sin aprobarla tampoco, no, eso no. Cerré los ojos por un instante. Un escalofrío recorrió mi cuerpo, como si tiraran de mí unas manos invisibles, involuntarias, en direcciones opuestas.

Cuando volví a abrir los ojos, tenía a Titus entre mis dedos. El abismo se había cerrado.

Las combinaciones de los candados de las escuelas secundarias son sencillas. La mía era seis a la izquierda, treinta a la derecha y dos vueltas seguidas a cero. Titus era más conocido por su fortaleza que por su inteligencia. El candado cedió y saltó a mi mano. Lo agarré con fuerza, sin hacer el menor ademán de abrir la puerta del ropero.

En algún lugar del vestíbulo, sonaba la voz del señor Johnson:

—... y los hesianos, que eran mercenarios a sueldo, no estaban demasiado dispuestos a combatir, especialmente en un país donde las oportunidades para obtener botines que superaran los salarios previamente estipulados...

—Hesiano —le susurré a Titus.

Llevé el candado a la papelera más próxima y lo arrojé a ella. Se quedó contemplándome con aire inocente entre un montón de hojas de deberes desechadas y bolsas de desayuno ya usadas.

—... pero recordad que los hesianos, como bien sabía el Ejército Continental, eran formidables máquinas de matar alemanes...

Me incliné hacia adelante, recogí a Titus y lo guardé en el bolsillo de la camisa, donde formó un bulto del tamaño aproximado de un paquete de cigarrillos.

—Recuérdalo bien, Titus, vieja máquina de matar —murmuré mientras desandaba el camino hasta mi ropero.

Lo abrí. En la parte inferior, formando una bola que apestaba a sudor, estaba mi uniforme de gimnasia, algunas bolsas de desayuno, envoltorios de caramelos, un corazón de manzana que llevaba allí un mes y había adquirido un encantador color marrón, y un par de andrajosas zapatillas de deporte negras. Mi cazadora de nailon roja colgaba del perchero, y en la estantería superior estaban mis libros de texto, todos menos el de Álgebra II. Educación Cívica, Gobierno Norteamericano, Cuentos y Fábulas Franceses, y Salud, aquel encantador manual para alumnos de cursos avanzados, un libro rojo, moderno, con un chico y una chica de escuela secundaria en la portada y la sección sobre enfermedades venéreas perfectamente suprimido a tijeretazos por vocación unánime del Comité Escolar. Empecé a actuar por el libro de salud, esperando y confiando en que se lo hubiera vendido a la escuela ni más ni menos que el viejo Al Lathrop. Lo saqué del ropero, lo abrí por algún sitio entre «Los componentes básicos de la nutrición» y «Reglas para el disfrute y la seguridad en la natación», y lo partí en dos. No resultó difícil. Ninguno me costó gran esfuerzo salvo el de Educación Cívica, que era un contundente texto de Silver Burdett editado en torno a 1946. Eché todos los pedazos al fondo del ropero. Lo único que quedó en la parte superior fue mi regla de cálculo, que partí en dos, una fotografía de Raquel Welch pegada con cinta adhesiva a la pared del fondo (la dejé donde estaba), y la caja de munición que guardaba detrás de los libros.

Tomé la caja en mis manos y la contemplé. Originalmente, había contenido cartuchos Winchester para carabina larga calibre 22, pero ya no era así. Había ido llenándola de otras balas, las del cajón del escritorio del despacho de mi padre. En la pared de ese despacho había colgada una cabeza de ciervo que me observaba con sus ojos vidriosos, demasiado llenos de vida, mientras yo iba sacando esas otras balas y la pistola, pero no dejé que la mirada del ciervo me inquietara. No era el animal que mi padre había abatido durante la cacería a la que me había llevado cuando tenía nueve años. Había encontrado la pistola en otro cajón del escritorio de mi padre, detrás de una caja de sobres comerciales. Dudo que él se acordara de que todavía tenía el arma allí. Y de hecho, ya no la tenía. Desde luego que no. Ahora estaba en el bolsillo de mi chaqueta. La saqué de él y me la coloqué en la cintura. No me sentía en absoluto como un hesiano, sino más bien como un Wild Bill Hickok.

Guardé las balas en el bolsillo de los pantalones y saqué el encendedor. No fumo, pero el encendedor había despertado en cierto modo mi fantasía. Lo encendí, me agaché y prendí fuego a toda la basura que había acumulado en el fondo del ropero.

Las llamas saltaron con avidez de las ropas de gimnasia a las bolsas de desayuno, los envoltorios de caramelos y los restos de mis libros, llevando hasta mí un atlético aroma a sudor.

Después, considerando que ya había llegado lo más lejos que podía yo solo, cerré la puerta del ropero. Justo encima de la etiqueta de Con-Tact con mi nombre había unos pequeños respiraderos, y a través de ellos me llegó el crepitar de las llamas. Momentos después, unas pequeñas puntas anaranjadas brillaban ya en la oscuridad tras los respiraderos, y la pintura gris del ropero empezó a cuartearse y a saltar.

De la clase del señor Johnson salió en ese instante un chico con un pase verde para el baño. Contempló el humo que surgía alegremente de los respiraderos, me miró y echó a correr hacia el baño. No creo que viera la pistola. No corría tanto como eso.

Me encaminé hacia el Aula 16. Hice una pausa antes de entrar con la mano en el picaporte, y miré hacia atrás. El humo salía ahora por los respiraderos en abundancia, y una mancha oscura, de puro hollín, se extendía delante de mi ropero. La etiqueta de Con-Tact se había vuelto marrón. Ya no podían distinguirse en ella las letras que habían formado mi nombre.

No creo que hubiera en ese instante en mi cabeza otra cosa que el habitual sonido de electricidad estática de fondo, ése que puede oírse en la radio cuando se pone a todo volumen sin tenerla sintonizada en ninguna emisora. Mi cerebro, por así decirlo, se había conectado a la red; el tipejo con el sombrero de Napoleón que llevaba dentro tenía los ases en la mano y apostaba por ellos.

Volví la vista de nuevo hacia el Aula 16 y abrí la puerta. Esperaba algo, pero no sabía qué.

9

—... Así, se entiende que cuando aumentamos el número de variables, los axiomas en sí no sufren cambios. Por ejemplo...

La señora Underwood alzó la mirada, alarmada, mientras se ajustaba las gafas de montura a rombos en la nariz.

—¿Tiene usted un pase de administración, señor Decker?

—Sí —respondí, y saqué la pistola del cinto.

Ni siquiera supe con certeza si estaba cargada hasta que sonó el disparo. Le di en la cabeza. La señora Underwood no llegó a enterarse de qué le había sucedido, de eso estoy seguro. Cayó de lado sobre el escritorio y luego rodó hasta el suelo, y aquella expresión expectante jamás se borró de su rostro.

10

Cordura:

Uno no puede pasarse toda la vida diciéndose que la vida es lógica, que la vida es prosaica, que la vida es cuerda. Sobre todo, cuerda. Y creo que así es. He tenido mucho tiempo para pensar en ello. Y a lo que vuelve siempre mi recuerdo es a la declaración de la señora Underwood antes de morir: *Así, se entiende que cuando aumentamos el número de variables, los axiomas en sí no sufren cambios.*

Estoy realmente convencido de ello.

Pienso, luego existo. Tengo pelos en la cara, luego me afeito. Mi esposa y mi hijo han quedado en estado crítico tras un accidente de coche, luego rezo. Todo es lógico, todo es cuerdo. Vivimos en el mejor de los mundos posibles, de modo que ponme un cigarrillo en la izquierda, una cerveza en la derecha, sintoniza *Starsky y Hutch* y escucha esa nota suave y armoniosa que es el universo dando vueltas tranquilamente en su giroscopio celestial. Lógica y cordura. Como la Coca-Cola, la vida es así.

Pero, como tan bien conocen la Warner Brothers, John D. MacDonald y la Long Island Dragway, existe un Mister Hyde para cada feliz rostro de doctor Jekyll, una cara oscura al otro lado del espejo. El cerebro tras esa cara nunca ha oído hablar de hojas de afeitar, de plegarias o de la lógica del universo. Vuelves de lado ese espejo y ves tu rostro reflejado con una siniestra mueca, medio loca y medio cuerda. Los astrónomos llaman a la línea entre la luz y la oscuridad el terminador.

El otro lado del espejo dice que el universo tiene toda la lógica de un chiquillo vestido de vaquero en la Noche de las Brujas, con las tripas y la bolsa de caramelos esparcidas a lo largo de un kilómetro de la Interestatal 95. Ésta es la lógica del napalm, de la paranoia, de las bombas en la maleta de esos árabes felices, del carcinoma al azar. Esta lógica se devora a sí misma. Dice que la vida es un mono sobre un palo, dice que la vida gira histérica y errática como esa moneda que lanzas al aire para ver quién paga el almuerzo.

Nadie mira ese otro lado a menos que sea preciso, y lo entiendo perfectamente. Uno lo mira si un borracho le sube a su coche en plena autopista y pone el vehículo a ciento sesenta y empieza a balbucear que su mujer ha roto con él; uno lo mira si algún tipo decide cruzar Indiana disparando contra los chicos que van en bicicleta; uno lo mira si su hermana dice «bajo un momento a la tienda y vuelvo», y ese momento basta para que la mate una bala perdida en un asalto. Uno lo mira cuando oye hablar a su padre de cortarle la nariz a mamá.

Es una ruleta, pero quien diga que el juego está manipulado sólo está lamentándose. No importa cuántos números haya, el principio de esa bolita blanca no sufre cambios. No digáis que es absurdo. Es todo muy lógico y cuerdo.

Y toda esa naturaleza extraña no sólo está en el exterior. Se encuentra también dentro de uno, en este mismo instante, creciendo en la oscuridad como un puñado de setas mágicas. Llámala la Cosa del Sótano. Llámala el Zorro de las Melodías Animadas. Yo lo concibo como mi dinosaurio privado, enorme, viscoso y lerdo, que recorre a trompicones los hediondos pantanos de mi subconsciente sin encontrar nunca un hoyo de brea lo bastante grande para caber en él.

Pero ése soy yo, y había empezado a hablaros de ellos, de esos brillantes alumnos de la escuela que, metafóricamente hablando, bajaron a la tienda a comprar leche y terminaron en medio de un robo a mano armada. Soy un caso documentado, carnaza de rutina para las rotativas de los periódicos. He tenido cincuenta segundos en el noticiario de más audiencia y una columna y media en el *Time*. Y aquí estoy ante vosotros (metafóricamente hablando, otra vez), y os aseguro que estoy totalmente cuerdo. Es cierto que tengo alguna tuerca ligeramente torcida ahí arriba, pero todo lo demás funciona perfectamente, muchas gracias.

Así pues, ellos. ¿Cómo les entendéis a ellos? Tenemos que estudiar ese punto, ¿no os parece?

—¿Tiene usted un pase de administración, señor Decker? —me preguntó ella.

—Sí —respondí, y saqué la pistola del cinto.

Ni siquiera supe con certeza si estaba cargada hasta que sonó el disparo. Le di en la cabeza. La señora Underwood no llegó a enterarse de qué le había sucedido, de eso estoy seguro. Cayó de lado sobre el escritorio y luego rodó hasta el suelo, y aquella expresión expectante jamás se borró de su rostro.

Yo soy el cuerdo, yo soy el croupier, el tipo que lanza la bola en dirección contraria al giro de la rueda. ¿Y el tipo que apuesta su dinero a pares o nones? ¿Y la chica que se juega sus billetes a negro o rojo...? ¿Qué hay de ellos?

No existe medida de tiempo que exprese la esencia de nuestra vida, que mida el tiempo entre la explosión de plomo del orificio del cañón y el impacto en la carne, entre el impacto y la oscuridad. Sólo hay una inútil repetición instantánea que no muestra nada nuevo.

Disparé; ella cayó y se produjo un momento de silencio indescriptible, un plazo de tiempo infinito, y todos dimos un paso atrás contemplando la bola que daba vueltas y vueltas, saltando, vacilando, relampagueando por un instante y siguiendo su marcha, cara o cruz, rojo o negro, pares o nones.

Creo que ese momento terminó. De veras lo creo. Pero a veces, en la oscuridad, pienso que ese espantoso momento fortuito y casual todavía dura, que la rueda todavía está girando, y que todo lo demás ha sido un sueño.

¿Cómo debe de ser la caída desde lo alto de un precipicio para el suicida? Creo que debe de ser una sensación muy cuerda. Probablemente, por eso gritan hasta el instante de estrellarse contra el fondo.

11

Si alguien hubiera gritado en aquel preciso instante algo melodramático, algo así como «¡Oh, Dios mío, va a matarnos a todos!», todo habría terminado inmediatamente. Habrían salido de estampida como corderos y algún tipo agresivo como Dick Keene me habría golpeado en la cabeza con el libro de álgebra y se habría ganado con ello el reconocimiento de la ciudad y el Premio al Ciudadano Ejemplar.

Pero nadie dijo una palabra. Todos continuaron sentados en absoluto y aturdido silencio, observándome atentamente, como si acabara de anunciarles que iba a decirles cómo podrían conseguir pases para la sesión del viernes noche en el cine al aire libre de Placerville.

Cerré la puerta del aula, crucé la clase y me senté tras el gran escritorio. No notaba las piernas muy firmes. Estaba casi al borde de sentarme o caer al suelo. Tuve que apartar de un empujón los pies de la señora Underwood para hacer sitio a los míos en el hueco bajo la mesa. Dejé la pistola sobre su cuaderno de borrador verde, cerré el libro de álgebra y lo coloqué con los demás, que formaban una pila ordenada en un ángulo del escritorio.

Fue entonces cuando Irma Bates rompió el silencio con un grito agudo, un graznido que sonó como el de un pavo joven al retorcerle el pescuezo la víspera del día de Acción de Gracias. Pero era demasiado tarde; todos habían aprovechado aquel inacabable instante para meditar sobre los hechos de la vida y la muerte. Nadie se unió a su grito e Irma enmudeció, como si se avergonzara de gritar mientras durara la clase, por grande que fuera la provocación. Alguien carraspeó. Alguien, al fondo del aula, dijo «¡Hum!»

en un tono levemente crítico. Y John «Pocilga» Dano se deslizó lentamente de su asiento y cayó al suelo desmayado con un ruido sordo.

Levantaron la mirada hacia mí desde la profundidad de su sorpresa.

—A esto se le llama darle fuerte a uno —dije afablemente.

Se oyeron unas pisadas al fondo del vestíbulo y alguien le preguntó a otro si había explotado algo en el laboratorio de química. Mientras el otro respondía que no lo sabía, se disparó la estridente alarma de incendios. La mitad de los chicos de la clase empezaron a ponerse de pie automáticamente.

—No es nada —dije—. Sólo es mi ropero. Le he prendido fuego, nada más. Sentaos.

Los que habían empezado a levantarse ocuparon de nuevo sus asientos obedientemente. Busqué a Sandra Cross. Estaba en la tercera fila, cuarto pupitre, y no parecía asustada. Parecía justo lo que era. Una Buena Chica profundamente excitante.

Fuera, en el césped, empezaban a alinearse hileras de alumnos. Podía verles por la ventana. En cambio, la ardilla había desaparecido. Las ardillas no sirven para el papel de espectador inocente.

Se abrió la puerta y así el arma. El señor Vance asomó la cabeza.

—Alarma de incendio —dijo—. Todos... ¿Dónde está la señora Underwood?

—Largo —dije.

Él me miró. Era un tipo muy cebón y lucía un perfecto cabello al uno. Parecía como si un pintor de paisajes lo hubiera podado cuidadosamente con una segadora de setos.

—¿Cómo? ¿Qué ha dicho?

—Largo.

Disparé contra él y fallé. La bala hizo saltar el borde superior de la puerta, esparciendo astillas.

—¡Jesús! —dijo suavemente una voz de la primera fila.

El señor Vance no supo qué sucedía. Creo que ninguno de ellos lo supo. La escena me recordaba un artículo que leí sobre el último gran terremoto de California. Hablaba de una mujer que iba de habitación en habitación mientras toda la casa se caía en pedazos a su alrededor, gritándole a su marido que hiciera el favor de desconectar el ventilador.

El señor Vance decidió volver al principio.

—Hay un incendio en el edificio. Hagan el favor de...

—Charlie tiene una pistola, señor Vance —dijo Mike Gavin en un tono de voz como si hablara del tiempo—. Creo que será mejor...

La segunda bala le alcanzó en la garganta. Su carne se esparció como si fuera líquida, como el agua cuando tiras a ella una piedra. Retrocedió hacia el vestíbulo llevándose la mano a la garganta, y cayó en redondo.

Irma Bates volvió a chillar, pero tampoco ahora encontró acompañantes. Si hubiera sido Carol Granger, habría tenido imitadores en cantidad, pero ¿quién quería organizar un concierto con la pobre Irma Bates? Ni siquiera tenía novio. Además, todos estaban demasiado ocupados observando al señor Vance, cuyos movimientos con la mano en la garganta estaban haciéndose más lentos.

—Ted —ordené a Ted Jones, cuyo asiento era el más próximo a la puerta—. Cierra eso y pasa el cerrojo.

—¿Qué crees que estás haciendo? —preguntó Ted.

Me miraba con una especie de desprecio asustado y desdeñoso.

—Todavía no conozco todos los detalles —respondí—. Pero cierra esa puerta y pasa el cerrojo, ¿vale?

Al fondo del vestíbulo, una voz gritaba:

—¡Es un ropero! ¡Es un...! ¡Eh, Peter Vance ha tenido un ataque cardiaco! ¡Traed agua! ¡Traed...!

Ted Jones se levantó, cerró la puerta y pasó el cerrojo. Era un chico alto que llevaba tejanos desteñidos y una camiseta militar con solapas en los bolsillos. Tenía un aspecto excelente. Siempre había admirado a Ted, aunque nunca formó parte del circo en que yo viajaba. Conducía un Mustang del año anterior que su padre le había regalado, y tampoco utilizaba billetes de aparcamiento. Se peinaba en un estilo DA pasado de moda, y apuesto a que era el suyo el rostro que evocaba Irma Bates en su mente cuando sacaba furtivamente un pepino del frigorífico, ya de madrugada. Con un nombre tan norteamericano como Ted Jones, no daba mucho lugar a confusiones. Su padre era vicepresidente del Banco de Placerville.

—¿Y ahora qué? —preguntó Harmon Jackson.

Su voz tenía un tono de perplejidad.

—Humm... —Dejé otra vez la pistola sobre el cuaderno verde—. Bueno, que alguien reanime a Pocilga. Se va a manchar la camisa. Más, quiero decir.

Sarah Pasterne emitió una risita histérica y se llevó la mano a la boca. George Yannick, que se sentaba al lado de Pocilga, se puso en cuclillas a su lado y le dio unos cachetes. Pocilga gimió, abrió los ojos, los dirigió a un lado y a otro, y dijo por último:

—¡Se ha cargado a Bolsa de Libros!

Esta vez fueron varias las risas histéricas. Estallaron por toda la clase como palomitas de maíz. La señora Underwood tenía dos maletines de plástico con un diseño de cuadros escoceses que llevaba a todas sus clases. También se la conocía por Sue Dos Pistolas.

Pocilga se instaló en su asiento, tembloroso, volvió a mover los ojos en todas direcciones y se echó a llorar.

Alguien llamó a la puerta, intentó abrirla y gritó:

—¡Eh! ¡Eh, los de ahí dentro!

Parecía el señor Johnson, el que un rato antes hablaba de los hesianos. Así la pistola y disparé a través del cristal reforzado con una tela de alambre. La bala hizo un limpio agujero rozando la cabeza del señor Johnson, y éste desapareció de la vista como un submarino sumergiéndose en zafarrancho de combate. La clase (con la posible excepción de Ted) contempló toda la escena con visible interés, como si hubieran tropezado por casualidad con una buena película.

—¡Ahí dentro hay alguien con una pistola! —gritó el señor Johnson.

Se oyó un leve traqueteo mientras el hombre se alejaba gateando. La alarma de incendios continuó zumbando ásperamente.

—¿Y ahora qué? —preguntó de nuevo Harmon Jackson.

Era un chico menudo que habitualmente tenía una gran sonrisa torcida en su rostro, pero ahora parecía desvalido, perdido en el mar.

No encontré respuesta a su pregunta, así que no le hice caso. Fuera, los chicos se arremolinaban inquietos sobre el césped, haciendo comentarios y señalando el Aula 16 mientras la noticia pasaba de boca en boca. Poco después, algunos maestros —los varones— empezaron a conducirles a todos hacia el gimnasio, al otro extremo del edificio.

En la ciudad, empezó a aullar la sirena de incendios del Edificio Municipal, alzándose y cayendo en ciclos histéricos.

—Es como el fin del mundo —dijo Sandra Cross en voz baja.

Tampoco encontré respuesta para ese comentario.

12

Nadie dijo nada durante, quizá, cinco minutos. Hasta que los coches de bomberos llegaron a la escuela. Me miraron y yo les miré a ellos. Quizá todavía hubieran podido largarse, y hay gente que todavía me pregunta por qué no lo hicieron. *¿Por qué no saltaron y echaron a correr, Charlie? ¿Qué les hiciste?* Hay quien lo pregunta casi con temor, como si tuviera algo diabólico en mi interior. Yo no les respondo. No contesto a ninguna pregunta sobre lo que sucedió esa mañana en el Aula 16. Pero si tuviera que decir algo al respecto, sería que han olvidado lo que es ser joven, vivir en estrecha intimidad con la violencia, con las habituales peleas a puñetazos en el gimnasio, las riñas en las discotecas de Lewiston, las escenas de violencia en la televisión, los asesinatos en las películas. La mayoría de nosotros hemos visto a una niña vomitar puré de guisantes sobre un sacerdote en nuestro cine al aire libre local. Comparado con eso, nuestra pobre Bolsa de Libros no era nada del otro mundo.

No estoy defendiendo nada de todo eso, ¿entendido? Hoy día no estoy de humor para ningún tipo de cruzada. Sólo pretendo plantear que los jóvenes norteamericanos se mueven bajo una existencia de enorme violencia, tanto real como imaginaria. Además, ese día yo era un centro de interés: ¡Eh!, Charlie Decker se ha vuelto loco esta mañana, ¿te has enterado? ¡No! ¿De veras? Sí, Sí. Yo estaba allí. Era un poco como *Bonnie and Clyde*, salvo que Charlie se había vuelto majara y que no había palomitas de maíz.

Sé que los chicos pensaban que no les iba a pasar nada. Eso, por una parte. Pero lo que me pregunto es otra cosa: ¿Deseaban acaso que me cargara a alguien más?

A la sirena de los bomberos se había unido un segundo sonido chillón; este último se acercaba mucho más de prisa. No era la policía. Se trataba de esa nota histérica, parecida a los cantos tiroleses, que es la última moda en sirenas de ambulancias y vehículos paramédicos en la actualidad. Siempre he pensado que llegará el día en que todos los vehículos de servicios de emergencia se volverán un poco más inteligentes y dejarán de meterle el miedo en el cuerpo a aquellos a quienes acuden a salvar. Cuando haya un incendio, un accidente o un desastre natural como yo, todos esos vehículos correrán a la escena del suceso acompañados del sonido amplificado de los Darktown Strutters tocando *Banjo Rag*. Llegará ese día. ¡Oh, sí!

13

Al observar cómo era la escuela, el servicio contraincendios de la ciudad decidió continuar adelante hasta el final. El jefe de bomberos fue el primero en llegar, avanzando a toda velocidad por la gran avenida semicircular de entrada a la escuela con su Ford Pinto azul de cúpula transparente a prueba de balas. Tras él venía un grupo de bomberos enarbolando garfios y escaleras con estandartes de guerra. Más atrás, avanzaban las autobombas.

—¿Vas a dejarles entrar? —preguntó Jack Goldman.

—El incendio es ahí fuera —respondí—. No aquí dentro.

—¿Cerraste la puerta de tu ropero? —preguntó Sylvia Ragan, una rubia maciza con grandes pechos fofos cubiertos con una chaqueta de lana y dientes ligeramente cariados.

—Sí.

—Entonces, ya se ha apagado.

Mike Gavin observó a los bomberos que corrían de un lado a otro y soltó una risita.

—Dos de esos tipos acaban de chocar el uno con el otro —dijo—. Qué gracioso.

Los dos bomberos caídos en el suelo se desenredaron, y todo el grupo se preparaba para introducirse en el lugar del incendio, cuando salieron a su encuentro dos figuras en traje de calle. Uno era el señor Johnson, el Submarino Humano, y el otro el señor Grace. Ambos se pusieron a hablar con el jefe de bomberos, gesticulando y atropellándose.

Unos largos rollos de mangueras con bocas relucientes estaban siendo desenrollados de las autobombas y arrastrados hacia las

51

puertas principales de la escuela. El jefe de bomberos se volvió hacia los encargados de hacerlo y gritó:

—¡Deteneos!

Los hombres se detuvieron en mitad del césped, indecisos, con las bocas de las mangueras en las manos, sobresaliendo ante ellos como falos metálicos sacados de un comic.

El jefe de bomberos continuó conferenciando con el señor Johnson y el señor Grace. El primero señaló el Aula 16. Thomas Denver, el Director del Cuello Excesivamente Afeitado, corrió hacia el grupo y se sumó a la conversación. Empezaba a parecer una reunión táctica en el montículo del pitcher en la mitad de la novena entrada.

—¡Quiero irme a casa! —aulló Irma Bates violentamente.

—Olvídalo —respondí.

El jefe de bomberos había empezado a señalar de nuevo a sus hombres, gesticulando; el señor Grace movió la cabeza, irritado, y le puso una mano en el hombro. El jefe se volvió hacia Denver y le dijo algo. Denver asintió y corrió hacia la entrada principal.

Moviendo la cabeza no muy convencido, el jefe de bomberos volvió hasta su coche, rebuscó en el asiento trasero y sacó de él un espléndido altavoz a pilas. Apuesto a que en el cuartelillo del servicio contraincendios debía de haber verdaderas discusiones para ver quién se encargaba del aparato, pero hoy, evidentemente, el jefe imponía a todos su rango. El hombre apuntó el altavoz hacia la masa de alumnos.

—Apártense del edificio. Repito, apártense del edificio. Diríjanse al arcén de la avenida. Diríjanse al arcén de la avenida. Dentro de poco llegarán autobuses para trasladarles a sus casas. La escuela queda cerrada durante...

Hubo un breve y excitado ¡hurra!

—... durante el resto del día. Ahora, por favor, apártense del edificio.

Un grupo de profesores —esta vez tanto mujeres como hombres— empezaron a conducir a los alumnos hacia el lugar señalado. Los chicos y chicas volvían la cabeza hacia atrás e intercambiaban comentarios. Busqué a Joe McKennedy entre la multitud, pero no alcancé a verle.

52

—¿Podemos ir haciendo los deberes? —preguntó Melvin Thomas con voz temblorosa.

Hubo una carcajada general. Todos parecían sorprendidos de oír aquello.

—Adelante —respondí. Medité unos instantes y añadí—: Si queréis fumar, podéis hacerlo.

Un par de chicos se llevaron la mano al bolsillo. Sylvia Ragan, en su papel de la señora de la mansión, sacó con delicadeza de su bolso un arrugado paquete de Camel y encendió un cigarrillo con despreocupada elegancia. Exhaló una bocanada de humo y echó al suelo la cerilla. Luego estiró las piernas sin preocuparse gran cosa por la posición en que quedara su falda. Se la veía cómoda.

Tenía que haber algo más, pensé. Lo estaba haciendo bastante bien, pero tenía que haber mil y una cosas en las que no estaba pensando. Aunque tampoco importaba mucho.

—Si tenéis algún amigo o amiga especial con el que queráis sentaros, cambiad de asiento si os parece. Pero no intentéis acercaros a mí o a la puerta, por favor.

Un par de chicos se cambiaron junto a sus parejas con movimientos rápidos y silenciosos, pero la mayoría permaneció inmóvil donde estaba. Melvin Thomas había abierto el libro de álgebra, pero no parecía capaz de concentrarse. Tenía fijos en mí unos ojos vidriosos.

Se oyó un leve *clic* metálico procedente de un rincón del techo del aula. Alguien acababa de poner en marcha el sistema de intercomunicadores de la escuela.

—Hola. —Era la voz de Denver—. Hola, Aula 16.

—Hola —dije.

—¿Quién habla?

—Charlie Decker.

Hubo una larga pausa. Por fin, llegó una nueva pregunta:

—¿Qué está sucediendo ahí abajo, Decker?

Medité la respuesta antes de hablar.

—Supongo que me he vuelto loco —dije.

Una nueva pausa, aún más prolongada que la anterior. Luego, en tono casi retórico, Denver de nuevo:

—¿Qué has hecho?

Hice un gesto a Ted Jones. Éste me lo devolvió educadamente.

—¿Señor Denver? —dijo.

—¿Quién habla?

—Ted Jones, señor Denver. Charlie tiene un arma. Nos ha tomado como rehenes. Ha matado a la señora Underwood. Y creo que también al señor Vance.

—Desde luego que sí —añadí.

—¡Oh! —exclamó el señor Denver.

Sarah Pasterne emitió de nuevo su risita.

—¿Ted Jones? —llamó el director.

—Aquí estoy —respondió él.

Parecía un chico muy competente, desde luego, pero al propio tiempo algo distante. Como un primer teniente que hubiera asistido a la universidad. Merecía la admiración de todos.

—¿Quién hay en el aula además de tú y Decker?

—Un momento —intervine—. Pasaré lista. Espere.

Tomé el libro verde de asistencias de la señora Underwood y lo abrí.

—Segundo semestre, ¿verdad?

—Sí —dijo Corky.

—Bien. Empecemos. ¿Irma Bates?

—¡Quiero irme a casa! —gritó Irma en tono desafiante.

—Presente —dije—. ¿Susan Brooks?

—Aquí.

—¿Nancy Caskin?

—Aquí.

Continué con el resto de la lista. Había veinticinco nombres; el único ausente era Peter Franklin.

—¿Le ha pasado algo a Peter Franklin? ¿Le has disparado? —preguntó el señor Denver con calma.

—Tiene el sarampión —dijo Don Lordi.

La información provocó un nuevo ataque de risas. Ted Jones frunció el ceño notoriamente.

—¿Decker?

—¿Sí?

—¿Vas a dejarles salir?

—De momento no —respondí.

—¿Por qué?

En la voz del director había una tremenda preocupación, un terrible abatimiento. Por un instante, casi me pareció sentir lástima por él, pero reprimí ese sentimiento rápidamente. Era como estar en una gran partida de póquer. Imagina a un tipo que lleva toda la noche ganando mucho, que ha acumulado un montón de fichas de un kilómetro de altura y, de repente, empieza a perder. No un poco, sino mucho cada vez; uno querría sentir pena por él y por su imperio que se derrumba, pero ha de olvidar ese sentimiento y lanzarse a por él, o arriesgarse a una derrota completa. Por eso dije:

—Porque todavía no hemos terminado de armarla aquí abajo.

—¿Qué significa eso?

—Significa que aquí seguiremos —respondí.

Carol Granger abrió unos ojos como platos.

—Decker...

—Llámame Charlie. Todos mis amigos me llaman Charlie.

—Decker...

Levanté una mano frente a toda la clase y crucé los dedos índice y corazón. Luego insistí.

—Si no me llama Charlie, voy a dispararle a alguien.

Una pausa.

—¿Charlie?

—Eso está mejor. —En la última fila, Mike Gavin y Dick Keene disimulaban una sonrisa. Otros no se molestaban en disimularlas—. Tú me llamas Charlie y yo te llamaré Tom. ¿De acuerdo, Tom?

Una nueva pausa. Larga. Larguísima.

—¿Cuándo les dejarás salir, Charlie? Ellos no te han hecho nada.

En el exterior, había llegado uno de los tres coches de la policía municipal, blanco y negro, y otro vehículo azul de la policía del estado. Habían aparcado en el arcén de la avenida más alejado del edificio, y Jerry Kesserling, el jefe desde que Warren Talbot se había retirado al cementerio metodista local en 1975, empezó a dirigir el tráfico hacia la carretera de Oak Hill Pond.

—¿Me has oído, Charlie?

—Sí, pero no puedo decírtelo. No lo sé. Supongo que hay más policía en camino, ¿verdad?

—Les ha llamado el señor Wolfe —dijo el señor Denver—. Imagino que vendrán muchísimos más cuando tengan un conocimiento exacto de lo que está sucediendo. Traerán gas lacrimógeno y todo eso, Dec..., Charlie. ¿Por qué poner las cosas difíciles para ti y para tus compañeros?

—¿Tom?

—¿Qué? —preguntó, con un tono quejoso en la voz.

—Saca tu culo flaco y apretado ahí fuera y diles que si alguien lanza una carga de gas lacrimógeno o algo parecido aquí dentro, haré que lo lamenten. Diles que recuerden quién manda ahora.

—¿Por qué? ¿Por qué estás haciendo esto?

Su voz sonaba irritada, impotente y asustada. Parecía un hombre que acabara de descubrir que no tenía a nadie a quien cargarle la responsabilidad de los hechos.

—No lo sé —dije—, pero seguro que esto supera tus cacerías de braguitas, Tom. Y no creo que te preocupe mucho, en realidad. Lo único que quiero de ti es que salgas ahí fuera y les comuniques lo que acabo de decirte. ¿Lo harás, Tom?

—No tengo alternativa, ¿verdad?

—Es cierto, no la tienes. Y otra cosa más, Tom.

—¿Cuál?

Lo preguntó con voz profundamente vacilante.

—Como probablemente habrás advertido, Tom, no me caes muy bien. Pero hasta ahora no has tenido que preocuparte de verdad por mis auténticos sentimientos. En este momento, en cambio, ya no soy un mero expediente en el archivo, Tom. ¿Lo entiendes bien? No soy un historial que puedes cerrar cuando termina la jornada laboral, ¿te enteras? —Mi voz se había alzado hasta convertirse en un grito—. ¿TE HAS ENTERADO, TOM? ¿HAS ASIMILADO ESE CONCRETO DETALLE?

—Sí, Charlie —dijo él con voz abrumada—. Me he enterado.

—No, todavía no, Tom. Pero ya te enterarás. Antes de que termine el día, vamos a entender todas las diferencias entre las personas de carne y hueso y las hojas de papel de un expediente.

Y las diferencias entre hacer tu trabajo y que te hagan una jugarreta. ¿Qué piensas de eso, Tommy?

—Creo que estás enfermo, Decker.

—No: Creo que estás enfermo, *Charlie*. ¿No es eso lo que querías decir, Tom?

—Sí.

—Dilo.

—Creo que estás enfermo, Charlie.

Era la voz maquinal y avergonzada de un niño de siete años.

—Tú también tienes que ayudar un poco a armarla, Tom. Ahora, sal ahí fuera y explícales lo que acabo de decirte.

Denver carraspeó como si tuviera algo más que decir pero, un instante después, el intercomunicador emitió un chasquido. Un leve rumor se extendió por la clase. Repasé los rostros de los estudiantes con atención. Sus miradas eran muy frías y algo indiferentes (la sorpresa puede hacer esas cosas: de repente, uno se ve lanzado al vacío, como un piloto de cazabombardero expulsado de la cabina de su asiento eyector, y pasa de una vida aburrida que parece un sueño a participar en un suceso abrumador, sobrecargado de realidad, y el cerebro se niega a adaptarse a la nueva situación; lo único que uno puede hacer es continuar en caída libre y esperar que, tarde o temprano, se abrirá el paracaídas); un recuerdo fantasmal de la clase de gramática surgió en mi mente: *Maestra, maestra, toca la campana,/ mi lección te recitaré mañana,/ y cuando llegue el final del día,/ habré aprendido más de lo que debía.*

Me pregunté qué habrían estado aprendiendo hoy; qué estaría aprendiendo yo mismo. Habían empezado a aparecer los autobuses escolares amarillos, y nuestros compañeros de escuela se dirigirían pronto a sus casas para seguir la fiesta frente al televisor del salón o por los transistores de bolsillo; en cambio, en el Aula 16, la educación continuaba.

Di un golpe breve y seco sobre el escritorio con la empuñadura de la pistola. El murmullo cesó. Todos me miraban con la misma atención que yo había puesto en observarles momentos antes. Juez y jurado. ¿O jurado y defensor? Me dieron ganas de echarme a reír.

—Bueno —dije—, seguramente esa mierda habrá puesto a Denver en su sitio. Creo que deberíamos charlar un poco.

—¿En privado? —preguntó George Yannik—. ¿Sólo nosotros y tú?

El muchacho tenía una expresión inteligente, vivaracha, y no parecía asustado.

—Sí.

—Entonces, será mejor que desconectes el intercomunicador.

—Eres un maldito bocazas —intervino Ted Jones nítidamente.

George se volvió hacia él, dolido.

Se produjo un incómodo silencio mientras yo me ponía en pie y pulsaba la pequeña palanca bajo el altavoz, pasándola de HABLAR-ESCUCHAR a ESCUCHAR.

Tomé asiento de nuevo tras el escritorio e hice un gesto de asentimiento mientras miraba a Ted.

—De todos modos, ya había pensado en eso —mentí—. No deberías tomártelo así.

Ted no respondió, pero me dedicó una extraña sonrisa que me hizo pensar si acaso estaría preguntándose cómo sabría mi carne.

—Está bien —dije a la clase en general—. Quizá esté loco, pero no voy a disparar contra nadie por discutir conmigo acerca de eso. Creedme, no tengáis miedo a que os cierre la boca a tiros. Siempre que no hablemos todos a la vez. —No parecía que los problemas fueran a llegar por ahí—. Tomemos el toro por los cuernos. ¿Hay aquí alguien que piense en serio que en cualquier momento me levantaré y le mataré?

Unos pocos parecieron algo intranquilos, pero nadie dijo nada.

—Está bien, porque no pienso hacerlo. Sencillamente, vamos a quedarnos aquí sentados y a darles un buen susto.

—Sí, claro. Seguro que la señora Underwood sólo se ha llevado un buen susto —dijo Ted.

En su cara observé todavía aquella extraña sonrisa.

—He tenido que hacerlo. Sé que es difícil de entender, pero... he tenido que hacerlo. Las cosas han salido así. Igual que con el señor Vance. Pero quiero que todos os lo toméis con calma. Nadie va a barrer esta clase a tiros, así que no tenéis de qué preocuparos.

Carol Granger levantó la mano tímidamente. Le hice un gesto con la cabeza. Era una chica lista; lista como una ardilla. Presidenta de la clase y candidata segura a pronunciar el discurso de fin de año en junio: «Nuestras responsabilidades para con la raza negra», o quizá «Esperanzas para el futuro». Ya estaba inscrita para una de esas grandes universidades femeninas donde la gente siempre se pregunta cuántas vírgenes hay en sus aulas. Sin embargo, eso no hacía que me cayera mal.

—¿Cuándo podremos marcharnos, Charlie?

Suspiré y me encogí de hombros.

—Tendremos que esperar a ver qué sucede.

—¡Pero mi madre tendrá un susto de muerte!

—¿Por qué? —intervino Sylvia Ragan—. Ya sabe donde estás, ¿no?

Carcajada general. Salvo Ted Jones. No se reía, y yo debería vigilar a aquel muchacho. Seguía luciendo aquella sonrisa salvaje. Era evidente que tenía unas ganas tremendas de terminar de una vez con todo aquello. Pero ¿por qué? ¿Por una medalla al Mérito de la Prevención de la Locura? No parecía suficiente. ¿Por tener la adulación de la comunidad en general: el chico que permaneció en la cubierta incendiada con el dedo en el depósito? No parecía ése su estilo. El estilo de Ted era no destacar nunca demasiado. Era el único tipo, que yo supiera, que se había retirado del equipo de rugby después de tres tardes de gloria en el campo durante su segundo año en la escuela. El redactor de deportes del periodicucho local había dicho de él que era el mejor medio de ataque que había salido de la Escuela Secundaria de Placerville. En cambio, Ted se había retirado de pronto, sin dar la menor explicación. Resultaba muy sorprendente. Y más sorprendente aún era el hecho de que su popularidad no hubiera descendido un ápice. Si acaso, había pasado a ser más que nunca el chico ideal. Joe McKennedy, que había sufrido durante cuatro años e incluso se había roto la nariz jugando de extremo izquierdo, me dijo que las únicas palabras de Ted cuando el abatido entrenador le pidió explicaciones por su abandono fueron que el rugby le parecía un juego bastante estúpido y que estaba seguro de encontrar un modo mejor de pasar el rato. Comprenderéis ahora por qué le respetaba, pero maldita sea si sé por qué me odiaba de aquella manera tan personal. Quizá me habría ayudado a descubrirlo una meditación más profunda sobre la cuestión, pero las cosas se sucedían con terrible rapidez.

—¿Te has vuelto loco? —preguntó de pronto Harmon Jackson.

—Creo que sí —respondí—. Según me han enseñado, todo el que mata a otro está loco.

—Bueno, quizá deberías rendirte —continuó Harmon—. Y acudir a alguien que pudiera ayudarte. Ya sabes, un médico...

—¿Te refieres a uno como ese Grace? —intervino Sylvia—. ¡Dios mío, ese cerdo repugnante! Tuve que ir a verle cuando le arrojé aquel tintero a la vieja señora Green y lo único que hizo fue repasar de arriba abajo mi vestido e intentar preguntarme sobre mi vida sexual.

—No es que la hayas tenido... —dijo Pat Fitzgerald.

Y hubo una nueva carcajada.

—Pero no es asunto tuyo, ni de él —replicó Sylvia desdeñosamente, al tiempo que arrojaba el cigarrillo al suelo y lo pisaba.

—Entonces, ¿qué vamos a hacer?

—Armar una buena —dije—. Nada más.

Fuera, en el césped, acababa de aparecer un segundo coche de policía municipal. Supuse que el tercero estaría en la cafetería de Junior recogiendo el vital cargamento de café y pastas. Denver hablaba con un policía estatal de pantalones azules, cubierto con uno de esos sombreros casi tejanos que llevan habitualmente. A cierta distancia, avenida arriba, Jerry Kesserling dejaba pasar un puñado de coches más allá de la barrera que impedía el tráfico; esos coches acudían a recoger a los alumnos que no habían tomado los autobuses. Cuando lo hubieron hecho, se alejaron apresuradamente. El señor Grace hablaba ahora con un hombre vestido con traje que no reconocí. Los bomberos esperaban fumando unos pitillos, pendientes de que alguien les ordenara apagar el incendio o volver al cuartelillo.

—¿Tiene esto algo que ver con lo que le hiciste a Carlson? —preguntó Corky.

—¿Cómo voy a saber con qué tiene que ver? —repliqué, irritado—. Si supiera qué me ha impulsado a esto, probablemente no habría tenido que hacerlo.

—Es por tus padres —intervino de pronto Susan Brooks—. Debe de haber sido por tus padres.

Ted Jones soltó un ruido grosero.

Me volví hacia Susan, sorprendido. Susan Brooks era una de esas chicas que nunca dicen nada si no les preguntan, ésas a quienes los profesores siempre tienen que pedir que hablen más alto, por favor. Una chica muy estudiosa, muy seria. Bastante bonita, aunque no terriblemente brillante, de esas a quienes no les permiten dejar los estudios normales por una carrera de secretariado porque alguno de sus hermanos o hermanas mayores fue una estudiante de primera y los profesores esperan las mismas cosas de ella. En fin, una de esas chicas que sostienen el extremo sucio del palo con toda la gracia y los buenos modales de que son capaces. Generalmente, terminan casadas con un camionero y se trasladan a la Costa Oeste, donde tienen locales de comidas con mostradores de formica y escriben a los Viejos Amigos del Este con la menor frecuencia posible. Se organizan una vida tranquila y feliz y se hacen más bonitas cuanto más lejos va quedando la sombra de esos hermanos mayores tan brillantes.

—Mis padres... —dije, degustando las palabras.

Me pasó por la cabeza contarles que había salido de caza con mi padre cuando tenía nueve años. «Mi expedición de caza», por Charles Decker. Subtítulo: «O de cómo oí a mi padre explicar el asunto de las narices de las cherokees». Demasiado repugnante.

Eché una mirada a Ted Jones y el aroma penetrante a tierra me llenó la nariz. Su rostro tenía una expresión furiosa, casi burlona, como si alguien le hubiera metido un limón entero en la boca y luego le hubiera juntado las mandíbulas por la fuerza. Como si alguien hubiera soltado una carga de profundidad en su cerebro y hubiese provocado en algún viejo barco hundido una prolongada y siniestra vibración psíquica.

—Eso es lo que dicen todos los libros de psicología —continuaba diciendo Susan, despreocupada´ y ajena a mis pensamientos—. De hecho...

De pronto, se dio cuenta de que estaba hablando (en un tono de voz normal y en clase) y enmudeció al instante. Llevaba una blusa de color jade pálido, y los tirantes de su sujetador asomaban como unas fantasmales rayas de tiza medio borradas.

—Mis padres... —repetí, y volví a detenerme.

Recordé nuevamente la expedición de caza, pero esta vez me acordé de haberme despertado y haber visto moverse las ramas sobre la tensa pared de lona de la tienda de campaña. (¿Estaba tensa esa lona? Seguro que sí; mi padre se había encargado de montar la tienda, y todo cuanto él hacía era tenso; jamás una cuerda sin tensar, jamás un tornillo sin apretar), de haber visto moverse las ramas y de necesitar urgentemente levantarme a orinar. Me sentí de nuevo como un niño pequeño... y recordé otra cosa que había sucedido hacía mucho tiempo. No había hablado de ello con el señor Grace. Ahora estaba metido en una buena de verdad... y además estaba Ted. A Ted no le importaba para nada todo aquello. Quizá todo era muy importante para él. Quizá Ted todavía podía ser... ayudado. Sospeché que era demasiado tarde para mí pero, incluso a ese nivel, ¿no dicen que aprender es una cosa buena y elegante por sí misma? Claro.

En el exterior, no parecía estar sucediendo gran cosa. Acababa de llegar el último de los coches de policía municipal y, tal como esperaba, procedían al reparto de cafés y pastas. Era momento de contar una historia.

—Mis padres... —empecé.

14

Mis padres se conocieron en un banquete de bodas y, aunque quizá no tenga relación con nada —salvo que uno crea en los presagios—, la mujer que ese día se casaba murió quemada menos de un año después. Se llamaba Jessie Decker Hannaford, y había sido compañera de habitación de mi madre en la Universidad de Maine, donde ambas estudiaban Ciencias Políticas. Según parece, lo que sucedió fue lo siguiente: el marido de Jessie había salido a una reunión especial en la ciudad y Jessie se metió en el baño a tomar una ducha. Resbaló, se dio un golpe en la cabeza y quedó sin sentido. En la cocina, un paño de secar platos cayó sobre un fogón, que estaba encendido, y la casa ardió en un santiamén. Fue una suerte que Jessie no sufriera, ¿verdad?

De modo que lo único bueno de aquella boda resultó ser el encuentro de mi madre con el hermano de Jessie Decker Hannaford. Él era alférez de navío. Después del banquete, le preguntó a mi madre si le gustaría ir a bailar y ella dijo que sí. Estuvieron saliendo seis meses y luego se casaron. Yo nací catorce meses después de la boda y he echado las cuentas muchas veces. Según mis cálculos, fui concebido una de las noches justo antes o justo después de que la hermana de mi padre ardiera viva con su gorrita de ducha. Había sido la dama de honor de mi madre. He repasado todas las fotos de la boda y, por muchas veces que lo haya hecho, siempre me produce una sensación extraña. Ahí está Jessie llevando la cola del traje nupcial. Jessie y su marido, Brian Hannaford, sonriendo en segundo plano mientras papá y mamá cortan el pastel. Jessie bailando con el cura. Y en todas la fotos sólo está a cinco meses de la ducha y del paño de cocina sobre el fogón encendido. Ojalá se pudiera uno colar en esas fotos en color y acercarse a ella y decirle: «No llegarás nunca a ser mi tía Jessie a menos que no te metas en la ducha cuando tu marido no esté. Ten cuidado, tía Jessie». Pero no se puede volver atrás en el tiempo. Por falta de herradura se perdió el caballo, y eso es todo.

Pero así sucedió, que es otra manera de decir que yo me presenté, y eso es todo. Fui hijo único, pues mi madre no quiso tener más. Es una mujer muy intelectual, mi madre. Lee novelas inglesas de misterio, pero nunca de Agatha Christie. Siempre han sido más de su agrado Victor Canning y Hammond Innes. Y también revistas como *The Manchester Guardian*, *Monocle* y *The New York Review of Books*. Mi padre, que continuó en la Marina y terminó en el servicio de reclutamiento, es más el tipo auténticamente norteamericano. Le gustan los Detroit Tigers y los Detroit Redwings, y se puso una cinta de luto en el brazo el día en que murió Vince Lombardi. No miento. Y lee esas novelas de Richard Stark sobre Parker, el ladrón. Eso siempre divertía mucho a mi madre, hasta que un día no pudo más y le contó que Richard Stark era en realidad Donald Westlake, que escribe una especie de novelas de misterio muy curiosas con su nombre real. Mi padre hojeó una de ellas y no le gustó en absoluto. Desde entonces, siempre hizo como si Westlake/Stark fuera su perro faldero favorito que una noche se hubiera vuelto contra él y le hubiese intentado morder en la garganta.

Mi primer recuerdo de infancia es que me desperté en plena noche y pensé que estaba muerto hasta que vi las sombras moverse en las paredes y en el techo, pues había un gran olmo frente a mi ventana y el viento movía sus ramas. Aquella noche en concreto —la primera noche de la que tengo recuerdo— debía de haber luna llena (luna de cazadores la llaman, ¿verdad?), porque las paredes estaban bañadas en luz y las sombras eran muy oscuras. Las sombras de las ramas parecían grandes dedos moviéndose. Ahora, cuando lo recuerdo, me parecen dedos de cadáveres. Pero entonces no podía haber pensado algo así, ¿verdad? Sólo tenía tres años. Un niño tan pequeño ni siquiera sabe qué es un cadáver.

Pero algo se acercaba. Podía oírlo al otro extremo del pasillo.

Algo terrible se acercaba. Venía a por mí entre las sombras. Podía oírlo, crujiendo y crujiendo y crujiendo.

No podía moverme. Quizá ni siquiera quería moverme. No me acuerdo de eso. Seguí tendido y observé los tres dedos que se movían en la pared y en el techo, y esperé a que la Cosa Que Crujía llegara hasta mi habitación y abriera la puerta.

Mucho tiempo más tarde —quizá pasara una hora, o quizá sólo fuesen unos segundos— comprendí que, después de todo, la Cosa Que Crujía no venía a por mí. O al menos, todavía no. Iba a por papá y mamá, que estaban al otro extremo del pasillo. La Cosa Que Crujía estaba en la habitación de papá y mamá.

Permanecí acostado contemplando los dedos arbóreos y escuché. Ahora, todo parece confuso y lejano, como debe de verse una ciudad desde la cima de una montaña cuando el aire está enrarecido, pero muy real al mismo tiempo. Recuerdo el viento susurrando contra el cristal de la ventana de mi dormitorio. Y recuerdo la Cosa Que Crujía.

Tras un largo, larguísimo instante, recuerdo que oí la voz de mi madre, jadeante e irritada, y un poco asustada: «Basta ya, Carl». De nuevo el crujido. Furtivo. «¡Basta!»

Un murmullo de mi padre.

Y mi madre: «¡No me importa! ¡Me da igual si tú no! ¡Estáte quieto y déjame dormir!».

Entonces lo supe. Volví a dormirme, pero lo supe. La Cosa Que Crujía era mi padre.

15

Nadie dijo nada. Algunos no habían entendido el sentido de mis palabras, si acaso lo tenían; no estaba seguro de que así fuera. Todos seguían mirándome con expectación, como si esperaran una última frase que hiciera de la historia un buen chiste.

Otros se miraban las manos, evidentemente azorados. En cambio, Susan Brooks parecía a un tiempo radiante y reivindicada. Era magnífico verla. Me sentí como un agricultor que extiende excrementos y cosecha maíz.

Nadie decía nada todavía. El reloj zumbaba con vaga determinación. Bajé la vista a la señora Underwood. Tenía los ojos entreabiertos, helados, viscosos. No parecía más importante que una marmota que cierta vez había matado de un disparo con un arma de mi padre. Una mosca bañaba sus patas en el antebrazo untuoso de la mujer. La escena me resultó un poco desagradable y espanté al insecto.

En el exterior, habían llegado cuatro coches policiales más. Otros vehículos estaban aparcados en la carretera más allá de la barrera policial, hasta donde alcanzaba la vista. Se estaba reuniendo toda una multitud. Volví a sentarme, me restregué un lado del rostro con la mano y observé a Ted. Él levantó los puños hasta la altura de los hombros, sonrió, se agarró las manos e hizo crujir los dedos corazón de ambas.

No dijo nada, pero movió los labios y pude leer en ellos fácilmente: *Mierda*.

Nadie se enteró de lo que había sucedido, salvo él y yo. Ted parecía a punto de decir algo en voz alta, pero yo preferí mantener el asunto entre nosotros un rato más. Abrí la boca y empecé a hablar de nuevo.

16

Mi padre me ha odiado desde que tengo memoria.

Ésta es una afirmación que todo el mundo hace, y sé lo falsa que suena. Suena a mal humor y a auténtica fantasía; es el tipo de arma que siempre utiliza un muchacho cuando su padre no le quiere dejar el coche para la importante cita en el cine al aire libre con Peggy Sue, o cuando el padre le advierte que le va a moler a palos si suspende el examen de historia universal por segunda vez consecutiva. En estos tiempos luminosos en que todo el mundo piensa que la psicología es un don divino para la pobre raza humana y su fijación anal, y en que hasta el presidente de los Estados Unidos se toma un tranquilizante antes de la cena, resulta una manera magnífica de liberarse de todos esos sentimientos de culpabilidad del Viejo Testamento que le suben a uno a la garganta como el regusto de una mala comida de la que hemos abusado. Si dices que tu padre te odiaba cuando eras pequeño, puedes salir y escandalizar al barrio, violar a una chica o quemar el bingo de la esquina y, pese a ello, declararte culpable.

Pero también significa que nadie te creerá aunque sea verdad. Eres el chico que gritaba: «¡Que viene el lobo!». Y en mi caso, es cierto. Bueno, no resulta nada sorprendente después de lo sucedido con Carlson. No creo siquiera que mi padre lo supiera de verdad hasta entonces. Aunque pudieras ahondar hasta lo más profundo de sus motivos, probablemente te diría, como mucho, que me odiaba por mi propio bien.

Tiempo de metáfora en el viejo corral: Para papá, la vida era como un valioso coche antiguo. Por ser precioso e irreemplazable, lo mantienes inmaculado y en perfecto estado de conservación. Una vez al año lo llevas a la Exhibición de Coches Antiguos de la localidad. Jamás permites que la mínima gota de grasa ensucie la gasolina, que el menor resto de tierra se cuele en el carburador, que se afloje el menor tornillo del eje propulsor. Debe ser ajustado, aceitado y engrasado cada mil quinientos kilómetros, y debe ser encerado cada domingo, justo antes del partido por TV. El lema de mi padre es: Manténlo Tenso y Manténlo a Punto. Si un pájaro se caga en el parabrisas, se limpia antes de que pueda secarse.

Ésa era la vida de papá, y yo era la cagada de pájaro en el parabrisas.

Papá era un tipo grande y callado de cabello muy rubio, un rostro que se encendía con facilidad y unas facciones que tenían un remoto —pero no desagradable— parecido con las de un simio. En verano siempre parecía enfadado, con la cara roja del sol y los ojos observándote beligerantes como destellos de agua. Más tarde, cuando yo tenía diez años, le trasladaron a Boston y sólo le veía los fines de semana, pero antes de eso había estado destacado en Portland y, por lo que a mí se refería, era como cualquier padre con un trabajo de nueve a cinco, sólo que su camisa era caqui en lugar de blanca, y la corbata era siempre negra.

Dice la Biblia que los pecados de los padres recaen sobre los hijos, y quizá sea verdad. Pero puedo añadir que cayeron también sobre mí los pecados de los hijos de otros padres.

A papá le resultaba muy duro ser jefe de reclutamiento, y muchas veces he pensado que habría sido mucho más feliz estando destacado en el mar..., por no hablar de lo mucho más feliz que habría sido yo. Para él era como tener que salir a ver los valiosos coches antiguos de otras personas destrozados y oxidados, llenos de fango y abolladuras. Él reclutaba a Romeos de escuela secundaria que dejaban tras ellos a sus Julietas embarazadas. Reclutaba a hombres que no sabían dónde se estaban metiendo y a otros que sólo sabían de lo que estaban huyendo. Reclutaba a los jóvenes hoscos que se veían obligados a escoger entre una reclusión en la Marina o una reclusión en el correccional de South Portland. Admitía a asustados contables que habían sido calificados 1-A y hubieran hecho cualquier cosa para no tener que vérselas con los chinos en Vietnam, que justo entonces empezaban su largo menú especial de Pene de Soldadito Norteamericano en Salmuera. Y admitía a los rebotados de las escuelas, de mandíbulas siempre abiertas, que debían ser entrenados antes de que pudieran escribir sus propios nombres y que tenían un CI correspondiente a su talla de casco.

Y allí estaba yo, en la casa, con algunas características aún por desarrollar atribuibles a todo lo anterior. Vaya un reto tenía allí. Y debéis saber que no me odiaba sólo por estar allí; me odiaba porque quedaba en desventaja en el enfrentamiento. Quizá habríamos estado a la par si yo no hubiese sido más el niño de mi mamá que el de mi papá, y si mi madre y yo no lo hubiéramos sabido muy bien. Mi padre me llamaba el chico de mamá, y quizá lo era.

Un día de otoño de 1962 se me ocurrió lanzar unas piedras contra las sobrevidrieras que papá se disponía a colocar. Era un sábado, a principios de octubre, y papá se dedicaba a ello igual que lo hacía todo, con una precisión metódica que excluía cualquier posibilidad de error o despilfarro.

Primero, sacó todas las sobreventanas del garaje (recién pintadas la primavera anterior, de verde a tono con los marcos de la casa) y las alineó meticulosamente contra las paredes de la casa, cada una junto a su ventana correspondiente. Le recuerdo, alto y tostado por el sol y con su aspecto enfurruñado bajo el frío sol de octubre, bajo el aire puro de octubre, tan frío como los besos. Octubre es un mes magnífico.

Yo estaba sentado en el último peldaño de la escalera del porche delantero, sin armar alboroto y contemplándole. De vez en cuando, un coche pasaba ante la casa subiendo por la Ruta 9 hacia Winsor o bajando por ella hacia Harlow o Freeport. Mamá estaba dentro, tocando el piano. Una pieza menor, de Bach, creo. Sin embargo, todo lo que tocaba mamá solía sonar a Bach. El viento soplaba a rachas, ora trayendo la música hacia mis oídos, ora llevándosela en otra dirección. Aún hoy, cada vez que escucho esa pieza recuerdo ese día. Fuga de Bach para Sobreventanas en La Menor.

Continué sentado, silencioso. Pasó un Ford de 1956 con matrícula de otro estado. Probablemente había venido a cazar perdices y faisanes. Un tordo se posó al pie del olmo que arrojaba las sombras sobre las paredes de mi dormitorio por las noches y picoteó entre las hojas caídas a la busca de un gusano. Mi madre continuó tocando; la mano derecha tocaba la melodía mientras la izquierda marcaba el contrapunto. Mamá sabía tocar magníficos boogie-woogies cuando sentía necesidad de hacerlo, pero no era a menudo. No le gustaban y, probablemente, daba igual. Incluso sus boogies sonaban como si los hubiera compuesto Bach.

De repente, me pasó por la cabeza que sería maravilloso romper todas aquellas sobreventanas. Romperlas una a una; primero los cristales superiores y luego los inferiores.

Pensaréis que era un acto de venganza, consciente o inconsciente, un modo de responder al orden y la limpieza impuestos por mi padre, a su «todos a fregar la cubierta». Pero lo cierto es que no recuerdo haber asociado a mi padre con esa imagen en concreto. El día era claro y hermoso. Yo tenía cuatro años. Era un espléndido día de octubre para romper ventanas.

Me levanté, fui al borde del camino y empecé a recoger piedras. Llevaba unos pantalones cortos, y llené los bolsillos delanteros de éstos con piedras hasta que debió de parecer que llevaba en ellos huevos de avestruz. Pasó otro coche y saludé su paso agitando la mano. El conductor me respondió. A su lado iba una mujer con un bebé en brazos.

Crucé el césped, saqué una piedra del bolsillo y la arrojé contra la sobreventana colocada junto a la ventana del salón. La arrojé con toda la fuerza posible. Fallé. Saqué otra piedra y esta vez me coloqué mucho más cerca de la ventana. Un ligero escalofrío cruzó mi mente, perturbando mis pensamientos por un instante. No podía fallar. Y no lo hice.

Di vuelta a toda la casa rompiendo sobreventanas. Primero la del salón, luego la del cuarto de música, que estaba apoyada en la pared de ladrillo de la casa; cuando hube roto ésta, me acerqué a ver a mamá, que tocaba el piano. Llevaba unas braguitas azules y nada más. Cuando advirtió que la estaba mirando, dio un leve brinco y falló una nota; luego me dedicó una gran sonrisa cargada de dulzura y continuó tocando. Ya veis; ni siquiera me había oído romper el cristal.

En cierto modo, era curioso: no tenía la menor sensación de estar haciendo algo malo, sino sólo algo divertido. La percepción selectiva de los niños es una cosa muy extraña; si las ventanas hubieran estado colocadas, jamás se me habría pasado por la cabeza romperlas.

Estaba observando la última sobreventana, la correspondiente al taller, cuando una mano se posó en mi hombro y me hizo dar la vuelta. Era mi padre. Estaba furioso. Jamás le había visto tan encolerizado. Tenía los ojos como platos y se mordía la lengua entre los dientes como si le hubiera dado un ataque. Me asustó tanto que me eché a llorar. Era como si tu madre llegara a la mesa para desayunar con una máscara de bruja en el rostro.

—¡Diablo de niño!

Me agarró con ambas manos, la derecha asiéndome las piernas por los tobillos y la izquierda apretándome el brazo izquierdo contra el pecho, y me arrojó contra el suelo. Lo hizo con fuerza; con toda la fuerza de que era capaz, creo. Quedé tendido, sin aliento, contemplando cómo la alarma y la comprensión de lo que había hecho cubrían su rostro y disolvían el estallido de furia. Yo era incapaz de hablar, de llorar e incluso de mover el diafragma. Notaba un dolor paralizante en el pecho y el bajo vientre.

—No quería hacerlo —dijo él, arrodillándose junto a mí—. ¿Estás bien? ¿Estás bien, Chuck?

Chuck era como me llamaba cuando jugábamos a pelota en el patio de atrás.

Mis pulmones se agitaron en un jadeo espasmódico y vacilante. Abrí la boca y solté un grito enorme, tremendo. El sonido me asustó, y el siguiente grito fue aún más potente. Las lágrimas lo convirtieron todo en prismas. El sonido del piano se detuvo.

—No deberías haber roto esas ventanas —dijo mi padre. La furia reemplazaba de nuevo a la alarma—. Ahora, cállate. Pórtate como un hombrecito, por el amor de Dios.

Me agarró de nuevo y me puso en pie con gesto rudo en el mismo instante en que mi madre aparecía corriendo por la esquina de la casa, todavía cubierta sólo con las braguitas.

—Ha roto todas las sobreventanas —dijo mi padre—. Ve a ponerte algo encima.

—¿Qué sucede? —gritó ella—. ¡Oh, Charlie! ¿Te has cortado? ¿Dónde? ¡Enséñame dónde!

—No se ha cortado —dijo papá con voz disgustada—. Tiene miedo de llevarse una buena paliza. Y tiene razón para temerlo.

Corrí junto a mi madre y apreté mi rostro contra su vientre, notando la suave y reconfortante seda de sus braguitas y aspirando su aroma dulzón. Notaba toda mi cabeza hinchada y carnosa, como un nabo. Mi voz se había transformado en un entrecortado rebuzno. Cerré los ojos con fuerza.

—¿Qué estás diciendo? ¿Una paliza? ¡Si está morado! Como le hayas hecho daño, Carl…

—¡Por el amor de Dios! ¡Se ha puesto a llorar en cuanto me ha visto aparecer!

Las voces llegaban a mí desde arriba, como declaraciones amplificadas de las cimas de las montañas.

—Viene un coche —dijo papá—. Ve adentro, Rita.

—Ven, cariño —dijo mi madre—. Sonríe a mamá. Una sonrisa grande.

Me apartó de su vientre y me secó las lágrimas de las mejillas. ¿Os ha secado las lágrimas alguna vez vuestra madre? En eso, los poetas mediocres tienen razón. Es una de las grandes experiencias de la vida, junto con el primer partido de fútbol y el primer sueño húmedo.

—Eso es, cariño. Papá no quería hacerte daño.

—Era Sam Castinguay y su mujer —dijo mi padre—. Ahora les has dado carnaza para sus chismorreos. Espero que…

—Vamos, Charlie —murmuró mi madre, asiéndome la mano—. Tomaremos un tazón de chocolate. En mi cuarto de costura.

—¡Una mierda, tomará! —replicó mi padre, lacónicamente. Me volví a mirarle. Tenía los puños cerrados con fuerza, inmóvil frente a la única ventana que había salvado—. Cuando le haya dado la paliza que se merece sólo tendrá ganas de vomitar.

—Tú no vas a darle una paliza a nadie —reaccionó mi madre—. Ya le has dejado medio muerto del susto…

Al instante, papá llegó junto a ella y, sin preocuparse ya de sus braguitas, de Sam o de su esposa, la agarró por el hombro y señaló la sobreventana de la cocina hecha añicos.

—¡Mira! ¡Fíjate! ¡El pequeño diablo se ha dedicado a hacer eso, y tú quieres darle chocolate! ¡Ya no es un bebé, Rita! ¡Es hora de que dejes de darle el pecho!

Yo me agarré a la cintura de mamá y ella apartó el hombro de la mano que la agarraba. Por un instante, quedaron sobre su piel unas marcas blancas que, de inmediato, se volvieron encarnadas.

—Ve adentro —me dijo mamá con voz tranquila—. Te estás portando como un estúpido, Carl.

—Voy a...

—¡No me digas lo que vas a hacer! —gritó ella repentinamente, adelantándose a sus palabras. Mi padre titubeó instintivamente—. ¡Ve adentro! ¡Ya has hecho suficiente daño! ¡Ve adentro! ¡Ve a buscar e alguno de tus amigos y tómate una copa! ¡Ve donde te parezca! ¡Pero sal de mi vista!

—Hay que castigarle —respondió mi padre reposadamente—. ¿Alguien te enseñó esa palabra en la universidad, o estaban demasiado ocupados llenándote la cabeza con toda esa basura liberal? La próxima vez romperá algo más valioso que unas cuantas sobreventanas. Y dentro de poco te romperá el corazón. Destrucción desenfrenada...

—¡Lárgate!

Me puse a llorar otra vez y me aparté de ambos. Por un instante, quedé entre los dos, tambaleándome: luego, mi madre me tomó en brazos. «Está bien, cariño», me decía; yo, sin embargo, observaba a mi padre, que había dado media vuelta y se alejaba a grandes zancadas como un chiquillo enfurruñado. No fue hasta entonces, hasta que hube apreciado con qué práctica y asombrosa facilidad le había despachado mi madre, cuando empecé a atreverme a devolver a mi padre el odio que mostraba hacia mí.

Mientras mamá y yo compartíamos un tazón de chocolate en su sala de costura, le conté cómo mi padre me había arrojado al suelo. Le conté que papá había mentido.

Aquello hizo que me sintiera fuerte, estupendo.

17

—¿Qué sucedió luego? —preguntó Susan Brooks casi sin aliento.

—No gran cosa —respondí—. El asunto quedó olvidado.

Ahora que lo había contado, me sorprendió en cierto modo que el suceso no hubiera salido de mi boca hasta entonces. Una vez conocí a un niño, Herk Orville, que se comió un ratón. Yo le reté a que lo hiciera, y él se lo tragó. Crudo. Era un pequeño ratón de campo, y cuando lo encontramos no pareció tener herida alguna; quizá había muerto de viejo, sencillamente. De todos modos, la madre de Herk estaba tendiendo la ropa y, por casualidad, se volvió a mirarnos mientras jugábamos sentados en el polvo junto al porche de atrás. Se volvió a mirarnos justo a tiempo de ver cómo el ratón se colaba por la garganta de Herk, con la cabeza por delante.

La mujer lanzó un grito —¡qué susto puede llevarse uno cuando un adulto lanza un grito!—, echó a correr y le metió un dedo a su hijo hasta el fondo de la garganta. Herk vomitó el ratón, la hamburguesa que había tomado para almorzar y una masa pastosa que parecía sopa de tomate. Mi amigo apenas había empezado a preguntarle a su madre qué sucedía cuando fue ella quien devolvió. Y allí, entre tanto vómito, el ratón muerto casi parecía un bocado sabroso. Empecé a contar esa historia a la clase, pero luego consideré que sólo les produciría asco e inquietud, como el asunto de los cherokees y las narices de sus mujeres.

—Papá estuvo castigado durante unos días. Nada más. No hubo divorcio ni nada por el estilo.

Carol Granger empezó a decir algo, y en ese instante Ted se

puso en pie. Tenía la cara pálida como la nata salvo por dos círculos encarnados justo encima de ambos pómulos. Sonreía. ¿He dicho ya que llevaba un corte de pelo pasado de moda, con fijapelo, nada actual? Sin embargo, Ted se lanzó a la acción. En la fracción de segundo que tardó en incorporarse, me pareció que el fantasma de James Dean se levantaba a por mí, y el corazón me dio un vuelco.

—Voy a quitarte de una vez esa arma, basura —dijo sonriendo.

Tenía una dentadura blanca y perfecta.

Tuve que esforzarme para mantener tranquila mi voz, pero creo que lo logré bastante bien.

—Siéntate, Ted.

Ted no avanzó, pero aprecié cuánto le costaba contenerse.

—Me pone enfermo que intentes echar la culpa de todo esto a tus compañeros, ¿sabes?

—¿Acaso he dicho que fuera a...?

—¡Cállate! —exclamó con una voz aguda, estridente—. ¡Ya has matado a dos personas!

—Eres un chico muy observador —murmuré.

Ted hizo un terrible movimiento nervioso con las manos, apretándolas a la altura de las caderas, y comprendí que, mentalmente, acababa de agarrarme y hubiera querido acabar conmigo.

—Deja esa arma, Charlie —continuó, siempre sonriendo—. Deja esa pistola y ven a pelear con los puños.

—¿Por qué te retiraste del equipo de fútbol? —pregunté entonces en tono amistoso.

Era difícil mostrarse amistoso, pero dio resultado. Pareció sorprendido, repentinamente inseguro, como si nadie salvo el entrenador del equipo se hubiera atrevido nunca a preguntarle aquello. Pareció como si de pronto se diera cuenta de que era el único de la clase que estaba puesto en pie. Era como cuando un tipo advierte que lleva abierta la bragueta e intenta imaginar un modo de subirla sin que se note o haciéndolo con naturalidad, como si fuera un acto divino.

—No te importa —respondió—. Deja esa pistola.

Sus palabras sonaban absolutamente melodramáticas. Falsas. Y él lo sabía.

—¿Tenías miedo por tus pelotas? ¿Temías estropearte esa carita? ¿Era eso?

Irma Bates emitió un jadeo. Sylvia, en cambio, observaba la escena con cierto interés depredador.

Ted murmuró algo y, de pronto, volvió a sentarse. Al fondo del aula, alguien sofocó una risita. Siempre me he preguntado quién fue, exactamente. ¿Dick Keene? ¿Harmon Jackson?

Pero vi todos sus rostros. Y lo que encontré en ellos me sorprendió. Incluso podría decirse que me conmocionó. Porque vi placer en ellos. Se había producido un enfrentamiento, un intercambio de disparos verbal, por así decirlo, y yo había ganado. Sin embargo, ¿por qué les alegró tanto que así fuera? Es como uno de esos pasatiempos que aparecen en el suplemento dominical del periódico: «¿Por qué se ríe esa gente? Solución en la página 41». Sólo que yo no tenía ninguna página 41 a mi disposición.

Y es importante saberlo, ¿entendéis? Yo le he dado vueltas y vueltas al asunto, he pensado en ello con todo el cerebro que me queda, y no he encontrado la respuesta. Quizá sólo tenía que ver con el propio Ted, tan guapo y tan valiente, tan lleno de ese machismo natural que mantiene la guerras bien provistas de combatientes. Entonces, se trataba de simple envidia, de puros celos. Era la necesidad de ver a alguien al mismo nivel que uno, haciendo gárgaras en el mismo coro de escaladores sociales, parafraseando a Dylan. *Quítate la máscara, Ted, y siéntate como el resto de nosotros, los chicos del montón.*

Ted seguía mirándome y comprendí perfectamente que estaba casi intacto. Sólo que la próxima vez quizá no sería tan directo. Quizá la próxima vez intentara atacarme por el flanco.

Tal vez sólo era el espíritu gregario. Atacar al individuo.

Pero no lo creí así entonces, ni lo creo ahora, aunque eso explicaría muchas cosas. No, el sutil paso del extremo del columpio donde estaba Ted al que ocupaba yo no podía explicarse simplemente como un rugido de emoción de la masa. Las multitudes siempre se lanzan contra el extraño, el diferente, el mutante. Pero éste, el extraño, era yo, no Ted. Ted era exactamente lo opuesto a eso. Era el chico que cualquiera estaría orgulloso de tener en la sala de juegos con su hija. No, era algo de Ted, no de los demás.

Tenía que ser algo de Ted. Empecé a notar unos extraños tentáculos de excitación en el vientre, tal como debe de sentirse un coleccionista de mariposas cuando cree que acaba de ver una especie nueva revoloteando sobre unos arbustos.

—Yo sé por qué Ted dejó el equipo —dijo una voz furtiva.

Recorrí la clase con la mirada. Era Pocilga. Ted dio un brinco al oír la voz. Empezaba a parecer algo abatido.

—Pues cuéntalo —repliqué.

—Si abres la boca, te mato —murmuró Ted con premeditada lentitud mientras volvía hacia Pocilga su rostro con la extraña sonrisa.

Pocilga parpadeó, aterrorizado, y se humedeció los labios con la lengua. Estaba indeciso. Probablemente era la primera vez en la vida que tenía el hacha por el mango, y ahora no sabía si atreverse o no a descargarla. Naturalmente, casi todos en la clase podían imaginar cómo había conseguido Pocilga aquella información. La señora Dano había pasado toda su vida visitando bazares, revolviendo tiendas y asistiendo a iglesias y cenas escolares, y tenía uno de los mayores y más agudos olfatos de Gates Falls para los cotilleos. Yo también sospechaba que la señora Dano tenía el *récord* de escuchas telefónicas clandestinas por las líneas compartidas por varios abonados. Era una mujer que podía hacer un repaso a los trapos sucios de cualquiera antes de que nadie pudiera decir siquiera: «¿Te has enterado de lo último de Sam Delacorte?».

—Yo... —empezó a decir Pocilga.

Y apartó la vista de Ted cuanto éste inició un gesto de impotencia, apretando los puños.

—Vamos, cuenta —intervino Sylvia Ragan de improviso—. No dejes que el Chico de Oro te asuste.

Pocilga le dirigió una sonrisa temblorosa y luego dijo apresuradamente:

—La señora Jones es una alcohólica y tuvo que recluirse en un sanatorio para desintoxicarse. Ted tuvo que ayudar entonces en la casa.

Hubo un instante de silencio.

—Te mataré, Pocilga —masculló Ted, poniéndose en pie.

Tenía la cara pálida como la de un cadáver.

—Vaya, eso no resulta nada agradable —comenté—. Tú mismo lo dijiste. Siéntate.

Ted me dirigió una mirada feroz y creí que iba a saltar sobre mí. Si lo hubiera hecho, le habría matado. Quizá alcanzó a leerlo en mi rostro. Siguió sentado.

—Bien —continué—, por fin ha salido el espectro del armario. ¿Dónde hace la desintoxicación, Ted?

—Cállate —replicó éste con voz apagada.

Algunos cabellos le caían sobre la frente, en un mechón engominado. Era la primera vez que le veía tan despeinado.

—¡Ah!, ya ha vuelto —continuó Pocilga, al tiempo que ofrecía a Ted una sonrisa indulgente.

—Has dicho que matarías a Pocilga —comenté, pensativo.

—Lo haré —murmuró Ted.

Tenía los ojos enrojecidos y coléricos.

—En tal caso, podrás echarle la culpa a tus padres —añadí con una sonrisa—. ¿No sería un alivio?

Ted tenía las manos asidas con fuerza al pupitre. Las cosas no iban en absoluto a su gusto. Harmon Jackson mostraba una sonrisa aviesa. Quizá tenía alguna vieja cuenta pendiente con Ted.

—¿Fue tu padre quien la llevó al sanatorio? —pregunté, de nuevo en tono amigable—. ¿Cómo empezó todo? ¿Llegaba siempre tarde a casa? ¿La cena quemada y todo eso? ¿Dando un trago al jerez de cocinar al principio? ¿Fue así?

—Le mataré —murmuró una vez más.

Le estaba pinchando —le estaba pinchando hasta el límite— y nadie me decía que lo dejara. Era increíble. Todos observaban a Ted con una especie de vidrioso interés, como si hubieran esperado desde el primer momento que habría algún asunto turbio tras aquella fachada.

—Debe de ser duro estar casada con un banquero poderoso —añadí—. Míralo de este modo: probablemente, la mujer no se daba cuenta de que estaba dándole tanto a la bebida fuerte. El alcohol puede dominarle a uno. Puede montársele encima. Y no es culpa de nadie, ¿o sí?

—¡Basta! —me gritó Ted.

—Fíjate, allí estaba, justo ante tus narices, pero poco a poco quedó fuera de control, ¿me equivoco? Bastante desagradable, ¿no? ¿De verdad perdió el control, Ted? Cuéntanoslo. Libérate de ello. ¿Iba acaso dando tumbos por la casa?

—¡Basta! ¡Basta!

—¿Se sentaba borracha frente al televisor? ¿Veía bichos en los rincones? ¿O se controlaba y no decía nada? ¿Veía bichos? ¿Los veía? ¿Se salía de sus cabales?

—¡Sí, era muy desagradable! —bramó de pronto Ted, vuelto hacia mí y echando espumarajos por la boca—. ¡Casi tan desagradable como tú, asesino! ¡Asesino!

—¿Le escribías al sanatorio? —pregunté en tono calmado.

—¿Por qué iba a hacerlo? —replicó con furia—. ¿Por qué iba a escribirle? Ella se lo buscó.

—Y tú no pudiste seguir jugando a rugby.

—¡Cerda borracha! —exclamó Ted Jones con voz perfectamente audible.

Caron Granger emitió un jadeo y el embrujo se rompió. Los ojos de Ted parecieron serenarse un poco. Desapareció de ellos la luz roja y Ted se dio cuenta de lo que había dicho.

—Me las pagarás por esto, Charlie —dijo en voz baja.

—Quizá. Puede que tengas tu oportunidad. —Sonreí—. Una cerda borracha como madre. Desde luego, suena muy desagradable, Ted.

Él continuó sentado, mirándome.

El enfrentamiento había terminado. Pudimos, al fin, volver nuestra atención a otros asuntos. Por lo menos de momento. Tuve la sensación de que quizá volveríamos a hablar de Ted. O de que éste volvería a saltar contra mí.

En el exterior, la gente se movía de un lado para otro, inquieta.

El reloj emitió un zumbido.

Nadie dijo una palabra durante un largo rato, o durante lo que nos pareció a todos un largo rato. Ahora había muchas cosas en qué pensar.

18

Sylvia Ragan rompió finalmente el silencio. Echó la cabeza hacia atrás y soltó una carcajada estentórea y prolongada. Varios chicos, entre ellos yo, dimos un brinco. Ted Jones no. Seguía abstraído en sus pensamientos.

—¿Sabéis qué me gustaría hacer cuando todo esto haya terminado? —preguntó.

—¿Qué? —dijo Pocilga.

Pareció sorprenderse de haber hablado de nuevo. Sandra Cross me observaba con expresión muy seria. Tenía los tobillos cruzados como hacen las buenas chicas cuando quieren frustrar a los chicos que desean mirar bajo sus vestidos.

—Me gustaría publicar esto en una revista policiaca. «Sesenta minutos de terror con el perturbado de Placerville.» Lo encargaría a alguien que escribiera bien, como Joe McKennedy o Phil Franks..., o quizá a ti, Charlie. ¿Qué tal te suena eso?

Sylvia soltó una nueva carcajada y Pocilga se unió a ella dubitativamente. Creo que Pocilga estaba fascinado por la ausencia de miedo de Sylvia. O quizá era sólo por su evidente sexualidad. Desde luego, Sylvia no tenía cruzados los tobillos.

Fuera, en el césped, acababan de llegar otros dos coches de policía. Los bomberos se retiraban ya y la alarma de incendios había enmudecido minutos antes. De pronto, el señor Grace se separó de la multitud y se encaminó hacia la entrada principal. Una leve brisa agitaba la parte inferior de su americana deportiva.

—Más compañía —anunció Corky.

Me levanté, acudí hasta el intercomunicador y lo conecté de nuevo en HABLAR-ESCUCHAR. Luego volví a sentarme, sudando un poco. El próximo asalto era con el señor Grace, y éste no era precisamente un peso ligero.

Unos instantes después se oyó el hueco *clic* anunciando que la línea estaba abierta.

—¿Charlie? —dijo el señor Grace.

Su voz era muy tranquila, muy modulada, muy segura.

—¿Cómo está, fullero? —dije yo.

—Bien, gracias, Charlie. ¿Y tú? ¿Cómo estás tú?

—Aquí, chupándome el dedo —respondí.

Risitas de los chicos.

—Charlie, antes de esto ya hemos hablado de buscar ayuda para ti. Ahora has cometido un bonito acto antisocial, ¿estás de acuerdo?

—¿Según qué normas?

—Según las normas de la sociedad, Charlie. Primero lo del señor Carlson; ahora esto. ¿Nos dejarás ayudarte?

Estuve a punto de preguntarle si mis compañeros no eran parte de la sociedad, pues allí dentro nadie parecía demasiado afectado por lo sucedido con la señora Underwood, pero no podía hacerlo. Hubiera sido transgredir una serie de normas que apenas estaba empezando a comprender.

—Charlie, Charlie —continuó el señor Denver, como si estuviera muy apenado—. Ahora depende de ti que puedas salir de ésta.

Su voz no me gustaba. Llevé la mano a la pistola como si eso pudiera darme ánimos. No me gustaba nada hablar con el señor Grace. Siempre encontraba la manera de colársela a uno, de hacerle sentir inseguro. Me había entrevistado con él muchas veces desde que golpeara al señor Carlson con la llave inglesa y sabía que realmente podía hacerle dudar a uno.

—¿Señor Grace?

—¿Sí, Charlie?

—¿Le ha dicho Tom a la policía lo que le ordené?

—¿Te refieres al señor Denver?

—Como quiera. ¿Se lo ha...?

—Sí. Ha transmitido tu mensaje.

—¿Han descubierto ya cómo van a dominarme?

—No lo sé, Charlie. Me interesa más saber si has descubierto cómo vas a dominarte tú mismo.

¡Ah!, ya estaba intentando confundirme. Igual que lo había hecho después de lo sucedido con el señor Carlson. Pero en esa ocasión yo había tenido que ir a verle. Ahora, en cambio, podía desconectarle en el momento en que quisiera. Salvo que no era capaz de hacerlo, y él lo sabía. Y a mí me observaban mis compañeros. Todos ellos me estaban evaluando.

—¿Qué? ¿Sudando un poco? —pregunté.

—¿Y tú?

—Bah. Sois todos iguales —dije con una nota de amargura asomando en la voz.

—¿De veras? En tal caso, todos queremos ayudarte.

Iba a ser un hueso mucho más duro de roer que el pobre Tom Denver. Eso era evidente. Evoqué mentalmente la imagen de Don Grace. Un maldito hijo de puta, bajito, siempre pulido y aseado, calvo y con grandes patillas en forma de costilla de cordero, como para compensar. Solía usar chaquetas de tweed con coderas de ante. En la boca, una pipa llena de un tabaco que venía de Copenhague y olía a mierda de vaca. Un jodemente, un opresor de cabezas en posesión de un puñado de instrumentos inquisitivos, aguzados. Para esto están los psiquiatras, amigos y compañeros míos; su trabajo es joder al perturbado mental y dejarle embarazado de cordura. Es un trabajo de parlotear mucho, y van a la escuela a aprenderlo, y todos los cursos y asignaturas son variaciones sobre un mismo tema: Colársela a los Psicóticos por Diversión y por Dinero, Sobre Todo por Dinero. Y si algún día te encuentras tendido en el gran diván del psicoanalista donde tantos han estado antes de ti, quisiera que recordaras una cosa: cuando se consigue la cordura a presión, el hijo siempre se parece al padre. Y además, tienen una tasa de suicidios muy elevada.

Pero le hacen a uno sentirse muy solo, y a punto de llorar; le ponen al borde de echarlo todo a rodar con la mera promesa de que le dejarán a uno en paz durante un rato. ¿Qué tenemos? ¿Qué tenemos en realidad? Mentes como obesos aterrorizados que ruegan a los ojos que se alzan en las terminales de autobús o en los restaurantes y amenazan con cruzarse con los suyos para que miren a otro lado, desinteresados. Yacemos despiertos y nos imaginamos a nosotros mismos con sombreros blancos de diferentes formas. No hay virginidad que pueda soportar las estudiadas manipulaciones de la psiquiatría moderna. Pero quizá daba igual. Quizá ahora jugarían a mi juego, todas aquellas putas y picapleitos malintencionados.

—Déjanos ayudarte, Charlie —decía el señor Grace.

—Si os dejara hacerlo, os estaría ayudando a vosotros —dije como si la idea acabara de pasar por mi cabeza—. Y eso no quiero hacerlo.

—¿Por qué Charlie?

—¿Señor Grace?

—¿Sí, Charlie?

—La próxima vez que me haga una pregunta mataré a alguien aquí abajo.

Pude oír al señor Grace tomando aire, como si le acabaran de comunicar que su hijo había sufrido un accidente de tráfico. Fue un sonido muy carente de autoconfianza. Me hizo sentir estupendamente.

En el aula, todo el mundo me miraba con gran tensión. Ted Jones levantó la cabeza lentamente, como si acabara de despertar. Aprecié en sus ojos la familiar nube oscura de odio. Anne Lasky tenía los suyos abiertos como platos, con expresión asustada. Los dedos de Sylvia Ragan hacían un lento y vago paso de ballet mientras revolvían el bolso buscando otro cigarrillo. Y Sandra Cross me miraba muy seria, muy seria, como si yo fuera un médico, o un sacerdote.

El señor Grace volvió a hablar.

—¡Cuidado! —le interrumpí al instante—. Tenga cuidado antes de decir nada. Ya no estamos jugando a su juego. Entiéndalo bien. Ahora, usted juega al mío. Sólo afirmaciones. Lleve mucho cuidado. ¿Será capaz de ello?

El señor Grace no hizo el menor comentario sobre mi metáfora de los juegos. Fue en ese instante cuando empecé a creer que le tenía.

—Charlie...

¿No era aquello una súplica?

—Muy bien. ¿Cree que podrá conservar su empleo después de esto, señor Grace?

—Charlie, por el amor de Dios...

—Así está muchísimo mejor.

—Déjales ir, Charlie. Sálvate. Por favor.

—Habla demasiado de prisa. Muy pronto le saldrá una pregunta y eso será el fin para alguien.

—Charlie...

—¿Dónde cumplió el servicio militar?

—¿Qué...?

Un súbito silbido al interrumpir la frase.

—Has estado a punto de matar a alguien —dije—. Cuidado, Don. Puedo llamarte Don, ¿no? Claro. Mide tus palabras, Don.

Ya casi le tenía.

Iba a romperle en pedazos.

En aquel instante me pareció que quizá podría acabar con todos.

—Creo que será mejor que me retire de momento, Charlie.

—Si te largas antes de que yo te lo diga, mataré a alguien. Lo que vas a hacer es sentarte y responder a mis preguntas.

La primera muestra de desesperación, tan bien disimulada como el sudor del sobaco en el baile de fin de curso.

—De verdad, Charlie, no debo. No puedo asumir la responsabilidad de...

—¡Responsabilidad! —grité—. ¡Dios mío, llevas hablando de responsabilidad desde que te dejaron suelto en la escuela! ¡Y ahora quieres escurrir el bulto la primera vez que quedas con el culo al aire! ¡Pero yo soy el que conduce este trasto y por Dios que vas a empujar el carro! O haré lo que he dicho. ¿Lo entiendes? ¿Lo has entendido?

—No estoy dispuesto a participar en un juego de salón cuando las prendas son vidas humanas, Charlie.

—Muchas felicidades —dije—. Acabas de describir la psiquiatría moderna. Ésa debería ser la definición del manual, Don. Ahora, deja que te diga algo: Mearás por la ventana si te lo ordeno. Y que Dios te ayude si te pillo en una mentira. Eso significaría la muerte de alguien. ¿Estás preparado para desnudar tu alma, Don? ¿Estás en tu marca?

El señor Grace jadeó entrecortadamente. Deseaba preguntarme si hablaba en serio, pero tenía miedo de que le respondiera con el arma, en lugar de con la boca. Quería alargar la mano y cerrar el intercomunicador, pero sabía que podría oír el eco del disparo en el edificio vacío, tronando por el pasillo debajo de él como una bola de boliche subiendo por una larga pista desde el infierno.

—Está bien —dije.

Me desabroché los puños de la camisa. En el exterior, los policías, Tom Denver y el señor Johnson paseaban inquietos, a la espera del regreso de su charlatán jodemente de la chaqueta de tweed. Interpreta mis sueños, Sigmund. Rocíalos con el semen de los símbolos y hazlos crecer. Demuéstrame lo diferentes que somos de, por ejemplo, los perros rabiosos o de los tigres viejos llenos de mala sangre. Muéstrame al hombre que se oculta entre mis sueños húmedos. Ellos tenían todas las razones para confiarse (aunque no parecían confiados). En el sentido simbólico, el señor Grace era Pionero del Mundo Occidental. Un opresor con un compás.

Le oía respirar entrecortadamente por la cajita enrejada colocada por encima de mi cabeza. Me pregunté si habría estudiado algún buen movimiento rápido de ojos últimamente. Me pregunté cómo sería el suyo cuando la noche llegara finalmente.

—Está bien, Don. Vamos allá.

19

—¿Dónde cumpliste el servicio militar?

—En el Ejército, Charlie. Esto no nos llevará a nada.

—¿En calidad de qué?

—De médico.

—¿Psiquiatra?

—No.

—¿Cuánto tiempo llevas ejerciendo la psiquiatría?

—Cinco años.

—¿Se la has comido alguna vez a tu mujer?

—¿Qué...? —Una pausa colérica, aterrorizada—. Yo... no entiendo el sentido de la frase.

—La formularé de otra manera, entonces. ¿Has realizado alguna vez prácticas bucogenitales con tu esposa?

—No estoy dispuesto a responder a eso. No tienes ningún derecho.

—Tengo todos los derechos. Y tú ninguno. Responde o mataré a alguien. Y recuerda: si mientes y lo descubro, mataré a alguien. ¿Has realizado alguna vez...?

—¡No!

—¿Cuánto tiempo llevas ejerciendo la psiquiatría?

—Cinco años.

—¿Por qué?

—¿Qué...? Bien, porque me llena como persona.

—¿Ha tenido tu esposa alguna vez un lío con otro hombre?

—No.

—¿Con otra mujer?

—¡No!

—¿Cómo lo sabes?

—Porque me quiere.

—¿Te ha hecho tu esposa alguna vez un buen repaso de bajos, Don?

—No sé qué quieres decir con eso.

—¡Lo sabes perfectamente!

—No, Charlie, yo...

—¿Has copiado alguna vez en un examen en la facultad?

Una pausa.

—Rotundamente no.

—¿En algún examen de preguntas rápidas?

—No.

Salté rápidamente:

—Entonces, ¿cómo puedes decir que tu esposa nunca ha realizado prácticas bucogenitales contigo?

—Yo... Yo nunca... Charlie...

—¿Dónde hiciste el campamento en el servicio militar?

—En Fort..., Fort Benning.

—¿Qué año?

—No recuer...

—¡Dime el año o voy a matar a alguien aquí abajo!

—Mil novecientos cincuenta y seis.

—¿Eras soldado raso?

—Yo...

—¿Eras soldado raso? ¿Eras soldado?

—Yo era... Era oficial. Primer teni...

—¡No te he preguntado eso! —grité.

—Charlie... ¡Charlie, por el amor de Dios, tranquilízate...!

—¿En qué año terminaste el servicio militar?

—En mil... En mil novecientos sesenta.

—¡Debes servir a tu patria seis años! ¡Estás mintiendo! Voy a matar a...

—¡No! —gritó—. ¡Estuve en la Guardia Nacional! ¡En la Guardia Nacional!

—¿Cuál era el apellido de soltera de tu madre?

—Ga..., Gavin.

—¿Por qué?

—¿Por...? No entiendo a qué te...

—¿Por qué su apellido de soltera era Gavin?

—Porque el apellido de su padre era Gavin. Charlie...

—¿En qué año hiciste el campamento?

—En mil novecientos cincuenta y sie..., ¡seis!

—Me estás mintiendo. Te he pillado, ¿verdad, Don?

—¡No!

—Has empezado a decir cincuenta y siete.

—Me confundía.

—Voy a pegarle un tiro a alguien. En el vientre, creo. Sí.

—¡Charlie, por el amor de Dios!

—Que no vuelva a suceder. Eras soldado raso, ¿verdad? En el Ejército.

—Sí..., no... Era oficial...

—¿Cuál era el segundo nombre de tu padre?

—John. Chu..., Charlie, domínate. No...

—¿Se la has comido alguna vez a tu mujer?

—¡No!

—Mientes. Has dicho que no sabías qué significa eso.

—¡Tú me lo has explicado! —Grace respiraba en breves y rápidos jadeos—. Déjame ir, Charlie. Déjame...

—¿A qué confesión religiosa perteneces?

—A la metodista.

—¿Formas parte del coro?

—No.

—¿Acudiste a la escuela dominical?

—Sí.

—¿Cuáles son las tres primeras palabras de la Biblia?

Pausa.

—«En el principio...»

—¿Y la primera línea del Salmo veintiuno?

—El..., hum... «El Señor es mi pastor, nada me falta.»

—¿Y se la comiste a tu mujer por primera vez en mil novecientos cincuenta y seis?

—Sí... ¡No! ¡Oh, Charlie, déjame en paz!

—El campamento, ¿qué año?

—Mil novecientos cincuenta y seis.

—¡Antes has dicho cincuenta y siete! —grité—. ¡Ahí está! ¡Voy a volarle la cabeza a alguien ahora mismo!

—¡Dije cincuenta y seis, maldito!

Estaba gritando; sin aliento, histérico.

—¿Qué le sucedió a Jonás, Don?

—Se lo tragó una ballena.

—La Biblia dice que era un gran pez, Don. ¿Era eso lo que querías decir?

—Sí. Un gran pez. Claro que sí.

Cólera lastimera.

—¿Quién construyó el arca?

—Noé.

—¿Dónde hiciste el campamento?

—En Fort Benning.

Más confiado. Terreno familiar. Se estaba dejando tranquilizar.

—¿Se la has comido alguna vez a tu mujer?

—No.

—¿Qué?

—¡No!

—¿Cuál es el último libro de la Biblia, Don?

—El Apocalipsis.

—¿Quién lo escribió?

—Juan.

—¿Cuál es el segundo nombre de tu padre?

—John.

—¿Alguna vez has tenido una revelación de tu padre, Don?

Una risa extraña, aguda, cloqueante, en boca de Don Grace. Algunos de los chicos parpadearon incómodos al oírla.

—Hum…, no…, Charlie… No puedo decir que tuviera ninguna.

—¿Cuál era el apellido de soltera de tu madre?

—Gavin.

—¿Se cuenta a Cristo entre los mártires?

—Sssí…

Sonaba demasiado metodista para estar seguro.

—¿Cuál fue su martirio?

—La cruz. Morir crucificado.

—¿Qué le preguntó Cristo a Dios desde la cruz?

—«Dios mío, Dios mío, ¿por qué me has abandonado?»

—¿Don?

—Sí, Charlie.

—¿Qué acabas de decir?

—He dicho: «Dios mío, Dios mío, ¿por qué...?». —Una pausa—. ¡Oh, no, Charlie! ¡Esto no es justo!

—Has hecho una pregunta.

—¡Me has puesto una trampa!

—Acabas de matar a alguien, Don. Lo siento.

—¡No!

Disparé la pistola contra el suelo. Toda la clase, que había estado escuchando con una atención tensa, hipnótica, se echó hacia atrás. Varios chicos gritaron. Pocilga volvió a desmayarse y cayó al suelo con un satisfactorio ruido carnoso. No sé si el intercomunicador lo captó, pero en realidad no importaba.

El señor Grace estaba llorando. Sollozando como un niño.

—Satisfactorio —dije, sin dirigirme a nadie en particular—. Muy satisfactorio.

Las cosas parecían desarrollarse magníficamente.

Le dejé sollozar durante casi un minuto; los policías habían empezado a dirigirse hacia la escuela al sonar el disparo, pero Tom Denver, confiando todavía en su psiquiatra, les hizo detenerse, de modo que, por ese lado, todo iba bien. El señor Grace parecía ahora un niño pequeño, desamparado y desesperado. Le había hecho joderse a sí mismo con su gran instrumento, como en una de esas experiencias extrañas que se pueden leer en el *Penthouse Forum*. Le había arrancado la máscara de brujo curandero y le había hecho humano. Pero no se lo eché en cara. Errar es humano, pero perdonar es divino. Estoy realmente convencido de ello.

—¿Señor Grace? —dije al fin.

—Ahora me voy —dijo Grace. Luego, en un tono lloroso y rebelde, añadió—: ¡Y no podrás impedirlo!

—Está bien —asentí, casi con ternura—. El juego ha terminado, señor Grace. Esta vez no estábamos jugando de veras. No ha muerto nadie aquí abajo. He disparado contra el suelo.

Un silencio lleno de jadeos. Luego, una voz cansada:

—¿Cómo puedo estar seguro de lo que dices, Charlie?

Porque habría habido una estampida, pensé.

En lugar de decir eso, hice una señal a Ted.

—Le habla Ted Jones, señor Grace —dijo Ted con voz de autómata.

—Sssí, Ted.

—Ha disparado contra el suelo —le informó Ted maquinalmente—. Todos estamos bien.

Luego sonrió y empezó a hablar otra vez. Apunté hacia él con la pistola y cerró la boca de inmediato.

—Gracias, Ted. Muchas gracias, muchacho.

El señor Grace rompió a sollozar de nuevo. Después de un rato que se hizo muy, muy largo, desconectó el intercomunicador. Mucho rato después apareció nuevamente en el césped, caminando hacia el grupo de policías instalado allí. Caminaba con su americana de tweed con coderas de ante, la calva reluciente y las mejillas encendidas. Avanzaba con pasos lentos, como un anciano.

Me sorprendió lo mucho que me gustaba verle caminar de aquella manera.

20

—¡Vaya, tío! —exclamó Richard Keene desde el fondo del aula.

Su voz sonó cansada y jadeante, casi exhausta.

Fue entonces cuando se oyó una vocecilla llena de salvaje felicidad:

—¡Creo que ha sido magnífico!

Volví la cabeza hacia el lugar de donde había surgido la voz. Era una chica llamada Grace Stanner, una muchacha menuda que parecía una muñeca holandesa. Era bonita, de ese tipo que atrae a los chicos de primeros cursos, que todavía se alisan el cabello hacia atrás y llevan calcetines blancos. Montones de ellos revoloteaban siempre alrededor de ella en el vestíbulo como abejas zumbonas. La chica llevaba jerséis ajustados y falditas cortas. Cuando caminaba, todo el mundo se quedaba mirándola; como Chuck Berry ha dicho en su profunda sabiduría, «es magnífico ver a alguien llevarse los aplausos». Por lo que había podido apreciar, su madre no era ninguna joya, sino una especie de mariposa de bar, entre profesional y aficionada, que pasaba la mayor parte del tiempo en Danny's, el bar de South Main, a casi un kilómetro de lo que aquí, en Placerville, llaman «el rincón». Denny's no puede confundirse de ningún modo con el Caesar's Palace. Y en las ciudades pequeñas siempre hay mentes pequeñas dispuestas a pensar que tal la madre, tal la hija. Ahora, Grace Stanner llevaba un suéter cardigan rosa y una falda verde oscura, que le llegaba a los muslos. Su rostro estaba encendido, parecido al de un elfo. Había levantado un puño cerrado hasta la altura del hombro, en un gesto inconsciente. Y aquel momento tenía algo de cristalino, de punzante. Noté realmente que mi garganta se ponía tensa.

—¡Adelante, Charlie! ¡Jódeles a todos!

Muchas cabezas se volvieron a un lado y otro y muchas bocas se abrieron, pero a mí no me sorprendía demasiado lo que estaba sucediendo. Ya he contado que esto es como una ruleta rusa, ¿verdad? Claro que sí. En cierto modo —de muchos modos—, todavía seguía girando. La locura es sólo cuestión de medida, y hay mucha gente, aparte de mí, que siente el impulso de hacer rodar cabezas. Esa gente va a las carreras de stock cars y a las películas de miedo y a los combates de lucha que hacen en el pabellón de Portland. Quizá lo que Grace decía ahora tenía el sabor característico de estas cosas, pero la admiré por decirlo en voz alta, sin reprimirse; el precio de la sinceridad siempre es muy elevado. La muchacha tenía un dominio admirable de los fundamentos. Además, era bonita y delicada.

Irma Bates se volvió en redondo hacia ella con el rostro contraído de indignación. De pronto, tuve la sensación de que lo que estaba sucediéndole a Irma debía de ser casi catastrófico.

—¡Tienes una boca llena de mierda!

—¡Anda y que te jodan! —le respondió Grace con una sonrisa. Luego, como si lo hubiera pensado mejor, añadió—: ¡Guarra!

Irma se quedó boquiabierta, luchando por encontrar las palabras adecuadas. Pude ver cómo se movía su garganta probándolas, rechazándolas, probando otras nuevas, buscando las palabras gruesas que hicieran aparecer arrugas en el rostro de Grace, que le hicieran caer los pechos diez centímetros sobre el vientre, que le hicieran surgir venas varicosas en aquellos muslos apretados y que le hicieran encanecer de golpe. Seguro que tales palabras existían en algún rincón y sólo se trataba de encontrarlas. Por eso, Irma siguió luchando por evocarlas; con la barbilla prominente y la frente sobresaliente (ambas salpicadas en abundancia de granos de cabeza negra), parecía un sapo.

Finalmente, lanzó su andanada:

—¡Golfa! ¡Deberían matarte a tiros igual que harán con él!

Buscó más insultos. Lo anterior no bastaba; todavía no expresaba con claridad todo el horror y la indignación que sentía por aquel desgarrón en el tejido de su universo.

—¡Deberían matar a todas las busconas! ¡A las busconas y a sus hijas!

La clase se había mantenido en calma, pero ahora se hizo en ella un silencio total. Un pozo de silencio. Se había iluminado un imaginario foco sobre Irma y Grace. Hasta las últimas palabras de Irma, Grace había estado sonriendo ligeramente. Ahora, la sonrisa se había borrado.

—¿Cómo? —preguntó sin levantar la voz—. ¿Cómo has dicho?

—¡Golfa! ¡Buscona!

Grace se puso en pie, como si fuera a recitar un poema.

—¡Mi madre trabaja en una lavandería, gorda de mierda, y será mejor que retires lo que acabas de decir!

Los ojos de Irma miraron a un lado y a otro con aire de triunfal desesperación. Tenía el cuello reluciente y resbaladizo de sudor; del sudor nervioso de la adolescente maldita, de esa que pasa los viernes por la noche en casa, viendo viejas películas por televisión y viendo pasar las horas. De esa para quien el teléfono permanece eternamente mudo y para quien la voz de su madre es la voz de Thor. De esa que se depila interminablemente la sombra de bigote entre la nariz y el labio superior. De esa que va a ver una película de Robert Redford con las amigas y luego vuelve sola al cine otro día para ver de nuevo al actor, sentada ante la pantalla con las manos apretadas y sudorosas en el regazo. De esa que se agita ante una carta larga, escrita a John Travolta y rara vez enviada, que garabatea bajo la luz nerviosa y opresiva de la lámpara de la mesa de estudio. De esa para quien el tiempo se ha convertido en un lento y soñoliento trineo que conduce al fracaso, que sólo lleva a habitaciones vacías y al olor de viejos sudores. Sí, aquel cuello estaba reluciente y resbaladizo de sudor. No os engañaría, como tampoco me engañaría a mí mismo.

Irma abrió la boca y aulló:

—¡HIJA DE PUTA!

—Muy bien —respondió Grace. Había empezado a avanzar por el pasillo hacia Irma, con las manos extendidas delante del cuerpo como la ayudante de un hipnotizador en pleno espectáculo. Grace tenía las uñas muy largas, pintadas de color perla—. Voy a arrancarte los ojos, cerda.

—¡Hija de puta! ¡Hija de puta!

Irma estaba casi cantándolo.

Grace sonrió. Sus ojos seguían encendidos, con un aire élfico. No recorría el pasillo corriendo, pero tampoco se hacía la remolona. No. Avanzaba a paso normal, con decisión. Era bonita. Bonita y preciosa como jamás había advertido yo hasta entonces. Era como si se hubiera convertido en un camafeo de sí misma.

—Muy bien, Irma —dijo—. Allá voy. Te arrancaré los ojos.

Irma, dándose cuenta repentinamente de lo que sucedía, se encogió en su asiento. Yo no así la pistola, pero puse la mano encima de ella.

—¡Basta! —dije.

Grace se detuvo y me dirigió una mirada inquisitiva. Irma pareció aliviada y también vindicada, como si yo hubiera adoptado ahora el aspecto de un dios justiciero.

—Una hija de puta —comentó al resto de la clase—. La señora Stanner tiene la casa abierta cada noche, cuando vuelve de la taberna. Y ella le sirve de ayudante de prácticas.

Dirigió una sonrisa enfermiza a Grace; una sonrisa que pretendía evocar una simpatía superficial y mordaz, pero que sólo traducía su propio terror, vacío y penoso. Grace seguía mirándome con ademán inquisitivo.

—¿Irma? —pregunté educadamente—. ¿Puedes prestarme atención, Irma?

Y cuando me miró, comprendí plenamente lo que sucedía. Sus ojos tenían un brillo reluciente pero opaco. Su rostro mostraba una mejillas encendidas pero una frente cerúlea. Parecía un disfraz que cualquier madre dejaría llevar a su hijo la noche de las Brujas. Irma estaba a punto de estallar. Todo lo que estaba sucediendo había ofendido a la especie de murciélago albino que pudiera tener por alma. Estaba a punto de remontarse directamente al cielo o de caer en picado al infierno.

—Bien —dije cuando ambas fijaron en mí su mirada—. Bien. Tenemos que guardar orden aquí. Seguro que lo entendéis. Sin orden, ¿qué tenemos? La selva. Y lo mejor para mantener el orden es resolver nuestras diferencias de una manera civilizada.

—¡Escuchad, escuchad! —exclamó Harmon Jackson.

Me puse en pie, me acerqué al encerado y tomé un pedazo de tiza del estante. Luego dibujé un gran círculo sobre el suelo enlosado, de unos dos metros de diámetro. Mientras lo hacía, continué pendiente de Ted Jones. Finalmente, volví al escritorio y tomé asiento.

Señalé el círculo con un gesto.

—Chicas, por favor.

Grace se adelantó rápidamente, preciosa y perfecta. Sus rasgos eran suaves y hermosos.

Irma permaneció sentada, de piedra.

—Irma —murmuré—. Vamos, Irma. Acabas de hacer graves acusaciones, ¿sabes?

Irma pareció algo sorprendida, como si el concepto de acusaciones hubiera hecho estallar toda una nueva línea de pensamientos en su cabeza. Asintió y se levantó del asiento tapándose la boca con una mano en gesto de timidez, como queriendo ocultar una leve sonrisa coquetona. Avanzó con afectación por el pasillo hasta el círculo, lo más lejos posible de Grace, con la mirada fija en el suelo, recatadamente, y las manos unidas a la altura de las caderas. Parecía a punto para cantar *Granada* en un programa de artistas noveles.

Me vino a la cabeza un pensamiento casual: su padre vendía coches, ¿verdad?

—Muy bien —dije—. Ahora, como se ha insinuado en la iglesia y en la escuela, un solo paso fuera del círculo significa la muerte. ¿Entendido?

Lo entendían. Todos lo entendían. No era lo mismo que comprenderlo, pero resultaba suficiente. Cuando uno deja de pensar, todo el concepto de comprensión tiene un sabor ligeramente arcaico, como el de una lengua olvidada o como un vistazo por una cámara oscura victoriana. A nosotros, los norteamericanos, nos va mucho más, sencillamente, entender. Así resulta más fácil leer las vallas publicitarias cuando nos dirigimos a la ciudad por la autopista a más de ochenta. Para alcanzar la comprensión, las mandíbulas mentales tienen que abrirse lo suficiente para hacer crujir los tendones. En cambio, el mero hecho de entender algo puede adquirirse en cualquier estantería de libros de bolsillo de la nación.

—Bien —dije—. Me gustaría que hubiera aquí el mínimo de violencia física posible. Ya tenemos suficiente de eso para meditar. Creo que vuestras bocas y vuestras manos abiertas serán suficientes, chicas. Yo seré el juez. ¿Aceptado?

Ambas asintieron.

Me llevé la mano al bolsillo de atrás y saqué mi pañuelo rojo. Lo había comprado en la tienda de saldos de Ben Franklin en el centro de la ciudad y lo había llevado un par de veces a la escuela, anudado al cuello, pero me había cansado del efecto que hacía y lo había dedicado desde entonces a sonarme los mocos. Burgués hasta la médula, así soy yo.

—Cuando lo deje caer, empezáis. El primer turno es para ti, Grace, ya que pareces ser la defensora.

Grace asintió, radiante. Tenía dos rosas en las mejillas. Eso era lo que mi madre decía siempre de quienes mostraban unos colores subidos en el rostro.

Irma Bates observó con timidez mi pañuelo rojo.

—¡Basta! —exclamó Ted Jones—. Has dicho que no le harías daño a nadie, Charlie. ¡No sigas! —En sus ojos se advertía un brillo desesperado—. ¡No sigas!

Sin ninguna razón que pudiera adivinar, Don Lordi soltó una carcajada descontrolada.

—Fue Irma quien empezó, Ted Jones —intervino Sylvia Ragan, acalorada—. Si cualquiera llamase puta a mi madre...

—Puta. Puta asquerosa —asintió tímidamente Irma.

—¡Le arrancaría los ojos sin pensármelo!

—¡Estás loca! —le gritó Ted con el rostro del color de un ladrillo—. ¡Podríamos detener a Charlie! ¡Si todos fuésemos a una, podríamos reducirle!

—¡Silencio, Ted! —exclamó Dick Keene—. ¿De acuerdo?

Ted miró a su alrededor, vio que no contaba con apoyo ni simpatía, y cerró la boca. Sus ojos estaban sombríos y llenos de un odio desbocado. Me alegré de que hubiera una buena distancia entre su pupitre y el escritorio de la señora Underwood. Podría dispararle a los pies si era preciso.

—¿Preparadas, chicas?

Grace Stanner me dedicó una sonrisa saludable y atrevida.

—Preparada.

Irma asintió. Era una chica corpulenta, y se colocó con las piernas abiertas y la cabeza ligeramente gacha. Su cabello era de un color rubio sucio, peinado en grandes rizos que parecían rollos de papel higiénico.

Dejé caer el pañuelo. La competición había empezado.

Grace permaneció quieta y pensativa. Casi pude verla darse cuenta de hasta dónde podía llegar aquello, preguntarse quizá hasta dónde, en lo más profundo de su mente, estaba dispuesta a llegar. En aquel instante, la amé. No... Las amé a ambas.

—Eres una vacaburra chivata —dijo Grace, mirando a Irma directamente a los ojos—. Apestas. De verdad. Tu cuerpo apesta. Eres una guarra.

—Bien —intervine, cuando hubo terminado—. Dale una bofetada.

Grace lanzó la mano y le dio a Irma en plena mejilla. Se oyó un ruido seco, como de dos tableros al chocar. El impulso del brazo hizo que el suéter se le subiera por encima del cinturón de la falda.

Corky Herald murmuró «¡uh!» por lo bajo.

Irma soltó un gruñido. Echó la cabeza hacia atrás y su rostro se contrajo. Ya no parecía humilde o tímida. En su carrillo izquierdo quedó una gran marca rojiza.

Grace echó la cabeza hacia atrás, exhaló un repentino jadeo entrecortado y permaneció alerta. El cabello se esparció sobre sus hombros, hermosos y perfectos. Luego, esperó.

—Irma por la acusación —dije—. Adelante, Irma.

Irma respiraba pesadamente. Tenía los ojos vidriosos y ofendidos, y una expresión de horror en la boca. En aquel momento parecía la imagen misma de la niña a la que nadie quiere.

—Puta —dijo al fin, aparentemente decidida a continuar con el tema que mejor resultado le había dado. Su labio inferior se levantó, cayó y volvió a levantarse, como el de un perro—. Puerca puta folladora.

Le hice un gesto de asentimiento.

Irma sonrió. Era una chica muy robusta. Su brazo, al lanzarlo hacia adelante, era como un muro. Impactó en la mejilla de Grace. El ruido fue ahora como un crujido seco.

«¡Oh!», exclamó una voz.

Grace no cayó. Todo el costado izquierdo de su rostro enrojeció, pero no se tambaleó apenas. Al contrario, sonrió a Irma. Y ésta bajó la mirada. Lo vi y casi no pude creerlo; después de todo, Drácula tenía pies de barro.

Eché un rápido vistazo al público. Estaban todos colgados en la escena, hipnotizados. No pensaban en el señor Grace, en Tom Denver o en Charles Everett Decker. Observaban la escena y quizá lo que veían era una parte de sus propias almas reflejadas en un espejo agrietado. Era magnífico. Era como la hierba nueva en primavera.

—¿Alguna contrarréplica, Grace? —pregunté.

Tras los labios de Grace asomaron sus pequeños dientes de marfil.

—Nunca has tenido una cita, eso es lo que te pasa. Eres repulsiva. Hueles mal. Por eso sólo piensas en lo que hacen los demás, y todo lo vuelves sucio en tus pensamientos. Eres una cucaracha.

Le dirigí un gesto.

Grace lanzó el golpe e Irma lo esquivó. La mano de Grace apenas le rozó el rostro, pero Irma se puso a llorar con una súbita y tierna desesperación.

—Déjame en paz —gruñó—. Ya no quiero seguir más, Charlie. ¡Déjame en paz!

—Retira lo que has dicho de mi madre —dijo Grace con voz inflexible.

—¡Tu madre es una chupapollas! —gritó Irma.

Tenía el rostro contraído y sus rizos como rollos de papel higiénico se bamboleaban agitadamente.

—Bien —le indiqué—. Continúa, Irma.

Pero Irma estaba llorando histéricamente.

—Señor... —gimoteó. Alzó los brazos y se cubrió el rostro con terrible lentitud—. Señor, querría estar muerta...

—Di que lo lamentas —insistió Grace con aire torvo—. Retíralo.

—¡Y tú también eres una chupapollas! —gritó Irma desde detrás de la barricada que formaban sus brazos.

—Está bien —intervine—. Dale otra vez, Irma. Es la última oportunidad.

Esta vez, Irma se dio impulso desde los pies. Vi los ojos de Grace convertirse en dos rendijas y vi tensarse como cuerdas los músculos del cuello. Sin embargo, encajó con el ángulo de la mandíbula la mayor parte de la fuerza del golpe y su cabeza sólo se movió ligeramente. Con todo, aquel costado de su rostro quedó completamente rojo, como el efecto de una quemadura solar.

Todo el cuerpo de Irma se estremeció y brincó por la fuerza de sus sollozos, que parecían surgir de un profundo pozo de su interior que jamás había sido explotado hasta entonces.

—No tienes nada —replicó entonces Grace—. No eres nada. Una cerda gorda y apestosa, eso es lo que eres.

—¡Vamos, dale! —aulló Bill Sawyer al tiempo que descargaba ambos puños con fuerza sobre el pupitre—. ¡Continúa hasta el final!

—Ni siquiera tienes amigas —añadió Grace, respirando profundamente—. ¿Por qué te molestas en seguir viviendo?

Irma lanzó un gemido agudo y débil.

—Ya está —me informó Grace.

—Muy bien —asentí—. Ahora dale.

Grace se preparó; Irma soltó un chillido y cayó de rodillas.

—¡No me pegues! ¡No me golpees más! ¡No me golpees...!

—Di que lo lamentas.

—No puedo —gimoteó Irma—. ¿No sabes que no puedo?

—Claro que puedes. Será mejor para ti.

Por un instante, no se oyó nada salvo el vago zumbido del reloj de pared. Luego Irma alzó la vista y la mano de Grace cayó con rapidez, con sorprendente rapidez, produciendo una breve palmada, casi femenina, en la mejilla de Irma. Sonó como un disparo de calibre 22.

Irma cayó pesadamente sobre una mano, con los rizos cu-

100

briéndole el rostro. Inspiró profunda y entrecortadamente y gritó:

—¡Está bien! ¡Está bien! ¡Lo retiro!

Grace dio un paso atrás con la boca entreabierta y húmeda, respirando superficial y aceleradamente. Levantó las manos, con las palmas en alto en un curioso gesto parecido al vuelo de la gaviota, y luego se apartó el cabello de las mejillas. Irma la miró, silenciosa e incrédula. Luchó por incorporarse de nuevo sobre las rodillas y, por un instante, pensé que iba a ofrecerle una plegaria a Grace. Luego, rompió a llorar de nuevo.

Grace se volvió hacia la clase y luego hacia mí. Sus pechos eran muy abundantes y se ajustaban a la suave tela de su suéter.

—Mi madre folla —dijo—, y yo la quiero mucho.

El aplauso surgió de algún lugar al fondo del aula, quizá de Mike Gavin o de Nancy Caskin. Se inició allí y se extendió hasta que todos aplaudieron; todos menos Ted Jones y Susan Brooks. Susan parecía demasiado apabullada para aplaudir. Contemplaba a Grace Stanner con mirada radiante.

Irma continuó de rodillas, con el rostro entre las manos. Cuando el aplauso cesó (yo había mirado a Sandra Cross: aplaudía con mucha suavidad, como en un sueño), indiqué:

—Levántate, Irma.

Ella me observó titubeando, con el rostro contraído, sombrío y crispado, como si acabara de salir de un mal sueño.

—Déjala en paz —intervino Ted, subrayando cada palabra.

—Cállate —dijo Harmon Jackson—. Charlie lo está haciendo muy bien.

Ted se volvió en su asiento y le miró, pero Harmon no bajó su mirada como habría hecho en cualquier otro lugar y momento. Ambos estaban juntos en el Consejo Estudiantil, donde Ted, naturalmente, siempre había ejercido el poder.

—Levántate, Irma —dije en tono amable.

—¿Vas a matarme? —susurró ella.

—Has dicho que lo sentías.

—Ella me ha obligado a hacerlo.

—Pero apuesto a que es verdad.

Irma me miró con expresión estúpida por debajo del revoltijo de rizos como rollos de papel higiénico.

—Siempre lo he lamentado todo —confesó—. Por eso me resulta tan difícil decirlo.

—¿La perdonas? —pregunté a Grace.

—¿Eh? —Grace me miró, un poco aturdida—. ¡Ah! Sí, claro. De pronto, volvió a su pupitre y se sentó; permaneció con la vista puesta en sus manos, frunciendo el ceño.

—¿Irma? —dije.

—¿Qué?

La pobre Irma me miraba con aire perruno, truculento, atemorizado, lastimero.

—¿Hay algo que quieras decir?

—No lo sé.

Se incorporó poco a poco. Las manos le colgaban a los costados con gesto extraño, como si no supiera qué hacer con ellas exactamente.

—Creo que sí quieres.

—Te sentirás mejor cuando lo hayas descargado de tu pecho, Irma —dijo Tanis Gannon—. A mí siempre me pasa.

—Dejadla en paz, por el amor de Dios —dijo Dick Keene desde el fondo de la clase.

—No quiero que me dejen en paz —exclamó de pronto Irma—. Quiero hablar. —Se echó el cabello hacia atrás con gesto desafiante. Sus manos no parecían en absoluto alas de gaviota—. No soy bonita. No le gusto a nadie. Nunca he tenido una cita. Todo lo que ella ha dicho es verdad. Ya está.

Las palabras brotaron muy de prisa y, mientras las decía, su rostro se contrajo como si estuviera tragando una medicina desagradable.

—Cuida tu aspecto un poco más —le aconsejó Tanis. Luego, algo avergonzada pero, pese a todo, resuelta añadió—: Ya sabes, lávate, depílate las piernas y, hum, las axilas. Ofrece un buen aspecto. Yo no soy una belleza despampanante, pero no me quedo en casa todos los fines de semana. Tú también puedes hacerlo.

—¡No sé cómo!

Algunos de los chicos empezaban a parecer incómodos, pero las chicas habían tomado la iniciativa. Ahora, todas ellas parecían mostrar simpatía por las demás. Estaban iniciando esas confesiones entre chicas que todos los varones parecen conocer y temer.

—Bueno... —empezó a decir Tanis. Luego se detuvo e hizo un gesto con la cabeza—. Vuelve aquí y siéntate.

—¿Secretos ahora? —inquirió Pat Fitzgerald con una risita.

—Exacto.

Irma Bates regresó apresuradamente al fondo del aula, donde ella, Tanis, Anne Lasky y Susan Brooks iniciaron alguna especie de maquinación. Sylvia hablaba en voz baja con Grace, y Pocilga devoraba con los ojos a ambas. Ted Jones fruncía el ceño con la mirada perdida. George Yannick estaba haciendo una marca en la tapa del pupitre mientras fumaba un cigarrillo; parecía un carpintero atareado. La mayoría de los demás contemplaban por las ventanas a los policías que dirigían el tráfico y conferenciaban en pequeños grupos con aspecto desesperado. Distinguí a Don Grace, al bueno de Tom Denver y a Jerry Kesserling, el policía de tráfico.

De pronto sonó un timbre con un estentóreo campaneo que nos hizo saltar a todos. También los policías del exterior dieron un respingo al oírlo. Un par de ellos sacaron las armas.

—Timbre de cambio de clase —dijo Harmon.

Observé el reloj de la pared. Eran las 9.50. A las 9.05 yo estaba aún sentado en mi pupitre junto a la ventana, observando a la ardilla. Ahora, la ardilla no estaba, el pobre Tom Denver estaba perdido y la señora Underwood había desaparecido definitivamente. Pensé en ello y decidí que también yo estaba perdido.

21

Llegaron tres coches más de la policía estatal, y también un grupo de ciudadanos de Placerville. Los policías intentaron alejarlos con más o menos éxito. El señor Frankel, propietario de la joyería que llevaba su nombre, llegó en su nuevo Pontiac Firebird y charló un rato bastante prolongado con Jerry Kesserling. Mientras hablaba, se ajustaba una y otra vez en la nariz sus gafas de montura de asta. Jerry intentaba desembarazarse de él, pero el señor Frankel no le hacía el menor caso. Frankel era el segundo administrador municipal de Placerville y amigo íntimo de Norman Jones, el padre de Ted.

—Mi madre me compró un anillo en su tienda —dijo Sarah Pasterne mientras miraba a Ted por el rabillo del ojo—. Me dejó el dedo verde el primer día.

—Mi madre dice que es un estafador —añadió Tanis.

—¡Eh! —jadeó Pocilga—. ¡Ahí está mi madre!

Todos miramos. En efecto, allí estaba la señora Dano hablando con uno de los agentes de la policía del estado, con la enagua sobresaliéndole un centímetro por debajo del dobladillo del vestido. Era una de esas mujeres que dicen con las manos la mitad de lo que hablan. Sus manos revoloteaban y se agitaban como banderas y, por alguna razón, me hicieron pensar en los sábados de otoño en el campo de rugby: agarrando..., driblando..., ¡falta en el placaje! Supongo que, en este caso, debería decirse falta en el uso de las manos.

Todos la conocíamos de vista, tanto como por su fama: estaba al frente de la Asociación de Padres y Profesores y era miembro del consejo de dirección del Club de Madres. Si uno iba a una cena

104

de judías estofadas pro viaje fin de curso, o al recital de danza Sadie Hawkins en el gimnasio, o a la excursión colegial de turno, tenía todas las posibilidades de encontrar en la puerta a la señora Dano, siempre con su mano extendida, sonriendo como si no existiera el mañana y recogiendo informaciones y chismes como los sapos capturan moscas.

Pocilga se movió inquieto en su pupitre, como si tuviera que ir al baño.

—¡Eh, Pocilga, tu madre te llama! —anunció Jack Goldman desde el fondo del aula.

—Déjala que llame —murmuró Pocilga.

Éste tenía una hermana mayor, Lilly Dano, que estaba en último curso cuando nosotros hacíamos primero. Tenía una cara muy parecida a la de su hermano pequeño, lo cual no la convertía precisamente en candidata al título de Reina de las Adolescentes. Un alumno de segundo, de nariz ganchuda, llamado La Follet St. Armand, empezó a rondarla y poco después la dejó con una tripa como un globo. La Follet se alistó en los Marines, donde es de esperar que le enseñaran la diferencia entre el fusil y la espada: cuál es para luchar y cuál para divertirse. La señora Dano no apareció en las reuniones de la Asociación de Padres y Profesores durante los dos meses siguientes. Lilly fue enviada a casa de una tía en Boxford, Massachusetts. Poco después de eso, la señora Dano volvió a sus anteriores actividades, con una sonrisa más expresiva que nunca. Una historia clásica de una ciudad pequeña, amigos míos.

—Debe de estar realmente preocupada por ti —dijo Carol Granger.

—¿A quién le importa eso? —murmuró Pocilga con aire de indiferencia.

Sylvia Ragan le sonrió. Pocilga se ruborizó.

Nadie dijo nada durante un rato. Contemplamos a la gente de la ciudad que se arremolinaba al otro lado de las barreras de tráfico, de un amarillo brillante, que se habían instalado. Vi entre esa gente a otros padres y madres. No vi a los padres de Sandra, y tampoco al grandullón de Joe McKennedy. Bueno, en realidad tampoco esperaba que se presentara. Los circos nunca nos han gustado demasiado.

Una unidad móvil de la WGAN-TV se detuvo ante la escuela. Uno de los ocupantes bajó del vehículo, se colocó la credencial en la solapa e intercambió unas palabras con un policía. El agente señaló hacia la avenida. El hombre de la credencial regresó a la unidad móvil y dos tipos bajaron y empezaron a descargar el equipo de cámaras.

—¿Alguien tiene un transistor? —pregunté.

Tres manos se levantaron. El aparato de Corky era el más potente, un Sony que llevaba en la cartera. Tenía seis bandas, incluido el audio de televisión, una onda corta y las emisoras canadienses. Lo dejó sobre el escritorio y lo puso en marcha. Llegamos justo a tiempo para el noticiario de las diez:

—Abriendo las noticias, un alumno de último curso de la Escuela Secundaria de Placerville, Charles Everett Decker...

—¡Everett! —dijo alguien con una risita.

—Cállate —le cortó Ted.

Pat Fitzgerald le sacó la lengua.

—... al parecer, ha sufrido un ataque de locura y en este momento retiene a veintitrés compañeros de clase como rehenes en un aula de dicha escuela. Se sabe que una persona, Peter Vance, de treinta y siete años, profesor de historia de Placerville, ha resultado muerto. Se teme que otra profesora, la señora Jean Underwood, haya muerto también. Decker ha utilizado el sistema de intercomunicadores de la escuela para comunicarse por dos veces con los responsables de la misma. La lista de los rehenes es la siguiente...

El locutor leyó la lista de asistencia tal como yo la había repasado para Tom Denver.

—¡He salido por la radio! —exclamó Nancy Caskin cuando llegaron a su nombre.

Parpadeó y sonrió con cierto titubeo. Melvin Thomas lanzó un silbido. Nancy se sonrojó y le dijo que callara.

—... y George Yannick. Frank Philbrick, jefe de la policía del estado de Maine, ha pedido a todos los amigos y familiares de los rehenes que permanezcan alejados del escenario de los hechos. Se considera a Decker una persona peligrosa, y el jefe Philbrick ha hecho hincapié en que nadie sabe ahora mismo qué podría hacerle estallar. «Tenemos que pensar que el chico sigue en un estado de gran agitación y puede actuar con gran violencia», ha dicho el jefe Philbrick.

—¿Quieres tocar mi arma? —pregunté a Sylvia.

—¿Tienes puesto el seguro? —replicó ella al instante.

Toda la clase rugió en una gran carcajada. Anne Lasky se rió con las manos sobre la boca, ruborizándose profundamente. Ted Jones, nuestro aguafiestas en prácticas, la miró con aire ceñudo.

—… Grace, psiquiatra y tutor escolar de Placerville, ha hablado con Decker por el intercomunicador hace apenas unos minutos. Grace ha dicho a los periodistas que Decker le amenazó con matar a alguien en el aula si Grace no abandonaba inmediatamente el despacho desde donde hablaba.

—¡Mentiroso! —dijo Grace Stanner con voz musical.

Irma dio un pequeño respingo.

—¿Quién se cree que es? —preguntó Melvin, irritado—. ¿Acaso cree que las cosas quedarán así?

—… también ha dicho que considera a Decker un chico con personalidad esquizofrénica, posiblemente en un grado que sobrepasa ya los límites de la racionalidad. Grace ha finalizado sus apresuradas declaraciones afirmando: «En este momento, Charles Decker puede cometer cualquier barbaridad». La policía de las ciudades vecinas de…

—¡Vaya tipo de mierda! —exclamó Sylvia—. ¡Cuando salgamos de aquí ya me encargaré de contar a esos periodistas lo que sucedió realmente con ese Grace! Voy a…

—Calla y escucha —le interrumpió Dick Keene.

—… y Lewiston han acudido al lugar de los hechos. En este momento, según el jefe Philbrick, la situación es de espera. Decker ha amenazado con matar si se disparan gases lacrimógenos, y estando en juego la vida de veinticuatro niños…

—Niños —dijo de pronto Pocilga—. Niños esto y niños lo otro. Te han apuñalado por la espalda, Charlie. Niños. Ja. Mierda. ¿Qué se habrán figurado que sucede aquí? Yo…

—Está diciendo algo sobre… —empezó a decir Corky.

—No importa. Desconecta eso —dije—. Parece más interesante lo que está diciendo Pocilga.

Clavé en él mi mirada más acerada.

Pocilga señaló a Irma con un gesto del pulgar.

—¡Y ésa se cree que la vida la trata mal! ¡A ella! ¡Ja!

Soltó una risotada repentina y descontrolada. Sin que yo pudiera adivinar la razón, Pocilga sacó un lápiz del bolsillo de su camisa y lo contempló. Era un lápiz púrpura.

—Un lápiz Be-Bop —dijo entonces—. Supongo que son los más baratos del mundo entero. No hay manera de afilarlos. La mina se rompe. Desde que empecé primero de básica, mamá vuelve a casa del supermercado cada año a principios de septiembre con una caja de plástico que contiene doscientos lápices Be-Bop. Y os juro que los uso todos cada año.

Partió en dos el lápiz púrpura y se quedó mirando los pedazos que sostenía entre los dedos. A decir verdad, pensé que realmente parecían los lápices más baratos del mundo. Yo siempre he utilizado los Eberhard Faber.

—De mamá —continuó Pocilga—. Esto es un regalo de mamá. Doscientos lápices Be-Bop en una caja de plástico. ¿Sabéis a qué se dedica? ¿Además de esas cenas de mierda donde te dan un gran plato de hamburguesas con guarnición y un vaso de papel de zumo de naranja lleno de zanahoria rallada? ¿Lo sabéis? Mamá se dedica a participar en concursos. Es su pasatiempo favorito. Centenares de concursos y sorteos. Continuamente. Se suscribe a todas las revistas femeninas y participa en los sorteos y las encuestas. Todo eso de por qué le gusta lavar la vajilla con tal producto, en veinticinco palabras o menos. Mi hermana tuvo una vez un gatito y mamá no dejó que se lo quedara.

—¿Esa hermana tuya es la que se quedó embarazada? —pregunto Corky.

—No dejó que se lo quedara —repitió Pocilga—. Y como nadie quería quedárselo, lo ahogó en la bañera. Lilly le suplicó que al menos lo llevara al veterinario para que lo mataran allí, pero mamá dijo que eso costaría cuatro dólares y no merecía la pena gastar ese dinero en un gatito que no valía nada.

—¡Oh, pobrecito! —musitó Susan Brooks.

—Lo juro por Dios: lo hizo allí mismo, en la bañera. Y todos esos malditos lápices. ¿Me comprará mi madre una camisa nueva?

¿Eh? Bueno, quizá lo haga por mi cumpleaños. Yo le digo: «Mamá, deberías oír lo que dicen de mí los chicos. Mamá, por el amor de Dios», pero ella ni siquiera me da una paga semanal. Dice que necesita el dinero para comprar sellos y poder participar en los concursos. Una camisa nueva por mi cumpleaños y un montón de asquerosos lápices Be-Bop en una caja de plástico cuando empiezan las clases. Una vez intenté trabajar de repartidor de periódicos, pero me obligó a dejarlo. Decía que había mujeres de virtud relajada que se aprovechaban de los chicos cuando los maridos estaban en el trabajo.

—¡Oh, Dios mío! —exclamó Sylvia.

—Y los sorteos. Y las cenas de la Asociación de Padres y Profesores. Y los bailes con carabina. Siempre agarrándose a todo el mundo. Siempre dándole jabón a todo el mundo y repartiendo sonrisas.

Pocilga volvió los ojos hacia mí y me dedicó la sonrisa más extraña que había visto en todo el día. Y ya había visto bastantes.

—¿Sabéis qué dijo cuando Lilly tuvo que marcharse? Dijo que tendría que vender el coche, el viejo Dodge que me había regalado mi tío cuando me saqué el carnet. Le dije que no pensaba hacerlo. Dije que el tío Fred me lo había regalado y que iba a conservarlo. Ella me amenazó con que, si yo no lo hacía, se encargaría ella del asunto. Los papeles estaban a su nombre y, legalmente, el coche era suyo. Dijo que no iba a permitir que yo dejara embarazada a alguna chica en el asiento de atrás. Yo. Dejar embarazada a una chica en el asiento de atrás. Eso fue lo que dijo.

Blandió en una mano una mitad del lápiz que acababa de romper. La mina sobresalía de la madera como un hueso negro.

—Yo. ¡Ja! La última cita que tuve fue la excursión con la clase de octavo de básica. Le dije a mamá que no vendería el Dodge. Ella dijo que sí lo haría. Terminé vendiéndolo. Sabía que así sería. No puedo discutir con ella. Siempre sabe qué replicar. Empiezas a darle una razón por la cual no puedes vender el coche y ella te dice: «Entonces, ¿cómo es que pasas tanto rato en el baño?». Está absolutamente chiflada. Tú le estás hablando del coche y ella te habla del baño. Como si te dedicaras a hacer cochinadas ahí dentro. Es agobiante.

Pocilga echó un vistazo por la ventana. La señora Dano había desaparecido de la vista y su hijo continuó hablando.

—Te agobia, te agobia y te agobia y, al final, siempre te puede. Con lápices Be-Bop que se rompen cada vez que intentas sacarles punta. Es así como le agobia a uno. Y es tan mezquina y estúpida... Ahogó al gatito allí mismo, al pobre gatito, y es tan estúpida que te das cuenta de que todo el mundo se ríe de ella cuando vuelve la espalda. ¿Y cómo me hace parecer todo eso? Me hace parecer aún más mezquino y estúpido que ella. Estando a su lado, uno se siente como un pequeño gatito que se metió por casualidad en una caja de lápices Be-Bop y que llegó a casa por error.

El aula había quedado en absoluto silencio. Pocilga era el centro de la atención, aunque no creo que él lo advirtiera. Parecía desanimado y resentido, con los puños cerrados en torno a los pedazos del lápiz que acababa de romper. En el exterior, un policía había subido uno de los coches sobre el césped. Lo aparcó en paralelo al edificio de la escuela y un puñado de agentes corrió a apostarse tras el vehículo, presumiblemente para hacer cosas secretas. Iban provistos de armamento antidisturbios.

—No creo que me importara si se muriera —murmuró Pocilga con una breve y horrorizada sonrisa—. Ojalá tuviera un arma como la tuya, Charlie. Si la tuviera, creo que la mataría yo mismo.

—Tú también te has vuelto loco —dijo Ted con voz preocupada—. ¡Dios!, todos os estáis volviendo tan locos como él.

—No seas tan chinche, Ted.

Era Carol Granger quien había hablado. En cierto modo, resultaba sorprendente que no estuviera del lado de Ted. Yo sabía que éste había salido con ella varias veces antes de que ella se liara con su nuevo novio. Además, los hijos de la familias bien suelen hacer buenas migas. Sin embargo, había sido ella quien le había dejado. Para hacer una analogía bastante torpe, yo empezaba a sospechar que Ted era para mis compañeros de clase lo que Eisenhower debía de haber sido siempre para los esforzados liberales de los cincuenta: aquel estilo, aquella sonrisa, aquel programa,

110

aquellas buenas intenciones... Ike tenía que gustarle a uno, pero había en él algo exasperante y un poco viscoso. Habréis advertido que yo tenía cierta fijación con Ted... ¿Por qué no iba a tenerla? Todavía hoy trato de entenderle. A veces parece que todo cuanto sucedió esa larga mañana no fue más que un producto de mi imaginación, de la fantasía de un escritor medio cocido por el alcohol. Pero sucedió de verdad, y ahora, a veces, me parece que el centro de todo ello fue Ted, no yo. Me parece que fue Ted quien les transformó a todos en lo que no eran... o en lo que realmente eran. Lo único que sé con seguridad es que Carol le miraba desafiante, no como la tímida futura conferenciante de final de curso que hablaría de los problemas de la raza negra. Carol parecía enfadada y un poco cruel.

Cuando pienso en la administración Eisenhower, me acuerdo del incidente del U-2. Cuando pienso en esa curiosa mañana, recuerdo las manchas de sudor que, poco a poco, se iban extendiendo bajo las axilas de la camisa caqui de Ted.

—Cuando finalmente se lo lleven —decía Ted—, no encontrarán en él más que una cabeza hueca.

Ted observaba con desconfianza a Pocilga, que seguía mirando fijamente las mitades de su lápiz Be-Bop, sudoroso, como si los fragmentos que tenía entre las manos fueran las únicas cosas que quedaran en el mundo. Tenía el cuello sucio pero, qué diablos, nadie estaba hablando de su cuello.

—Te agobian hasta acabar contigo —murmuraba.

Arrojó los fragmentos de lápiz al suelo, los contempló y, luego, levantó la vista hacia mí. Su expresión era extraña y apesadumbrada. Me produjo cierta incomodidad.

—También a ti te agobiarían hasta acabar contigo, Charlie. Espera y verás.

Se produjo un incómodo silencio en el aula. Yo tenía asida con mucha fuerza la pistola. Sin pensarlo mucho, saqué la caja de la munición y coloqué tres balas en el arma, llenando de nuevo el cargador. La empuñadura estaba sudada. De pronto, advertí que la había estado asiendo por el cañón, apuntando hacia mí mismo y no hacia los chicos de la clase. Nadie había hecho el menor intento de abalanzarse sobre mí. Ted estaba un poco encogido en su pupitre, con las manos asidas al borde del mismo, pero no había movido otra cosa que su cabeza. De pronto, pensé que tocar su piel sería como tocar un bolso de piel de cocodrilo. Me pregunté si Carol le habría besado o tocado alguna vez. Probablemente sí. La mera idea casi me hizo vomitar.

Susan Brooks rompió a llorar de improviso.

Nadie la miró. Yo les observé a todos, y ellos a mí. Había estado asiendo la pistola por el cañón. Ellos lo sabían. Lo habían visto.

Moví los pies y uno de ellos rozó el cuerpo de la señora Underwood. Dirigí la mirada hacia ella. Llevaba una chaqueta de sport a cuadros escoceses sobre un suéter de cachemira marrón. Estaba empezando a hincharse. Probablemente, su piel debía de tener el tacto de los bolsos de cocodrilo. El rigor, ya sabéis. En algún momento, mi zapatilla había dejado impresa la huella sobre su suéter. Por alguna razón, eso me hizo pensar en una foto que había visto cierta vez, en la que aparecía Ernest Hemingway con un pie apoyado sobre el cuerpo de un león muerto, un fusil en la mano y media docena de porteadores negros sonriendo en segundo plano. De pronto, tuve necesidad de soltar un grito. Yo le había quitado la vida, la había abatido, le había metido una bala en la cabeza y había matado el álgebra.

Susan Brooks había recostado la cabeza sobre el pupitre, como solíamos hacer en el parvulario cuando era la hora de la siesta. Llevaba un pañuelo azul desvaído en el cabello que la favorecía mucho. El estómago me dolía.

—DECKER.

Lancé un grito y apunté la pistola hacia las ventanas. Era un policía del estado con un altavoz a pilas. En lo alto de la colina próxima, los periodistas preparaban sus cámaras.

—¡DECKER, SAL CON LAS MANOS EN ALTO!

—Déjame en paz —murmuré.

Las manos empezaron a temblarme. El estómago me dolía muchísimo. Siempre he tenido un estómago delicado. A veces, me daban náuseas sin haber desayunado todavía, antes de salir para la escuela. También me dieron la primera vez que salí con una chica. En otra ocasión, Joe y yo llevamos a un par de chicas al parque estatal Harrison. Era un día cálido y magnífico de julio. En el cielo había una ligera neblina muy alta. La chica con la que iba yo se llamaba Annemarie. Así, todo junto. Era muy bonita. Llevaba unos pantalones cortos de pana verde oscuro y una blusa de seda con escote en V. También llevaba una bolsa playera. Íbamos por la Ruta 1 hacia Bath y en la radio del coche sonaba un buen rock'n'roll. Brian Wilson, recuerdo. Sí, Brian Wilson y los Beach Boys. Y Joe conducía su viejo Mercury azul; siempre lo llamaba su Sapo Azul, y luego sonreía con esa expresión tan suya. Llevábamos todas las ventanillas abiertas y yo estaba mal del estómago. Rematadamente mal. Joe iba charlando con su chica. Hablaban de surf, un tema muy adecuado a la música de los Beach Boys de la radio. Era una chica muy bonita. Se llamaba Rosalynn y era hermana de Annemarie. Abrí la boca para decir que me encontraba mal y vomité en el suelo del coche, salpicando un poco a Annemarie en la pierna. No podéis imaginar la cara que puso. O quizá sí lo imaginéis. Todos trataron de quitarle importancia al asunto, de tomárselo a broma. Siempre dejo que los chicos vomiten encima en nuestra primera cita, ja, ja. No pude reunir ánimos para nadar en todo el día. Tenía el estómago totalmente revuelto. Annemarie estuvo sentada en su toalla junto a mí casi todo el rato y se quemó con el sol. Las chicas habían traído un almuerzo preparado. Yo sólo pensaba en el Mercury de Joe, aparcado al sol todo el día, y en cómo olería cuando volviéramos. El difunto Lenny Bruce dijo una vez que no hay manera de limpiar un moco de una chaqueta de ante, y yo podría añadir a eso otra de esas grandes verdades de la vida doméstica: no se puede borrar el olor de vómito de la tapicería de un Mercury azul. Se queda allí durante semanas, durante meses, durante años incluso. Y apestaba exactamente como había pensado mientras estábamos en la playa. Todos simularon que no lo notaban. Pero apestaba.

—¡SAL, DECKER! ¡NO VAMOS A SEGUIRTE EL JUEGO POR MÁS TIEMPO!

—¡Basta! ¡Callaos!

Naturalmente, no podían oírme. No querían oírme. Ésa era su jugada.

—Dejadme en paz.

Mi voz sonó casi como un gemido.

—Van a acabar contigo —dijo Pocilga.

Era la voz de la condenación. Intenté pensar en la ardilla, en cómo crecía el césped hasta el propio edificio, sin dejar sitio a chorradas. No lo conseguí. Mis palabras eran espantapájaros al viento. Aquel día en la playa había sido caluroso y luminoso. Todo el mundo tenía un transistor, y cada uno lo tenía sintonizado en una emisora distinta. Joe y Rosalynn habían practicado surf con sus cuerpos en unas olas verde botella.

—TIENES QUINCE MINUTOS, DECKER.

—Sal de una vez —me incitó Ted. Sus manos agarraban de nuevo el borde del pupitre—. Sal ahora, mientras todavía tienes una oportunidad.

Sylvia se volvió hacia él.

—¿Qué te propones? ¿Convertirte en una especie de héroe? ¿Por qué? ¿Por qué? Una mierda; no eres más que una mierda de tipo, Ted Jones. Ya les contaré...

—No me digas lo que...

—... a acabar contigo, Charlie, a abrumarte. Espera y...

—¡DECKER!

—Sal ahora, Charlie.

—... por favor, ¿no ves que le estás poniendo nervioso...?

—¡DECKER!

—... las cenas de la Asociación de Padres y Profesores y toda esa basura de...

«... a hacerte pedazos si le dejas ¡DECKER! sólo aplastarte acabar contigo Charlie no puedes NO QUEREMOS VERNOS FORZADOS A DISPARAR hasta que estés preparado déjale estar Ted si supierais lo que todos vosotros callaos lo mejor para ti SAL FUERA...»

Apunté la pistola hacia la ventana, la sostuve con ambas manos y apreté el disparador cuatro veces. Los estampidos retumbaron en el aula como bolas de boliche. El cristal de la ventana saltó en montones de fragmentos. Los policías desaparecieron de la vista. Los encargados de la cámara de televisión se echaron al suelo. El grupo de espectadores se dispersó y corrió en todas direcciones. Las astillas de cristal brillaron y titilaron sobre la hierba verde del exterior como diamantes sobre el terciopelo de un escaparate, como gemas más brillantes que cualquier joya de la tienda del señor Frankel.

No hubo disparos de respuesta. Lo que decían aquellos policías era un farol. Ya lo sabía; era mi estómago, mi maldito estómago. ¿Qué otra cosa podían hacer sino echarse faroles?

Ted Jones no jugaba ningún farol. Ya estaba a mitad de camino entre su asiento y el escritorio cuando al fin logré volver la pistola hacia él. Se quedó paralizado, y noté claramente que pensaba que iba a dispararle. Su mirada se perdió en la oscuridad, más allá de mis ojos.

—Siéntate —le dije.

Ted no se movió. Cada uno de sus músculos parecía helado, paralizado.

—Siéntate.

Se puso a temblar. Pareció empezar por las piernas y continuar luego por el cuerpo hasta los brazos y el cuello. El temblor llegó a su boca, que empezó a sollozar en silencio. Luego le subió a la mejilla derecha, que pareció retorcerse en una mueca. Sus ojos, en cambio, permanecieron fijos en los míos. He de reconocer ese detalle, y con admiración. Una de las escasas cosas que dice mi padre cuando ha bebido un poco, y con la cual estoy de acuerdo, es que los muchachos de esta generación no tienen muchas narices. Algunos todavía tratan de iniciar la revolución poniendo bombas en los lavabos del Gobierno estadounidense, pero ninguno de ellos se atreve a lanzar cócteles Molotov al Pentágono. En cambio, los ojos de Ted, aunque llenos de oscuridad, me miraron con fijeza.

—Siéntate —repetí.

Ted Jones retrocedió y tomó asiento.

Ninguno de los presentes había gritado. Algunos se habían llevado las manos a los oídos y ahora las apartaban de ellos poco a poco, comprobando el nivel acústico del aire. Me busqué el estómago. Seguía allí. Volvía a notarme bajo control.

El hombre del altavoz volvió a gritar, pero esta vez no se dirigía a mí. Recomendaba a la gente que había estado mirando el espectáculo desde el otro lado de la avenida que se retirara de la zona, y que lo hiciera de prisa. Todos le obedecían. Muchos corrían con la espalda encorvada, como Richard Widmark en alguna película de la segunda guerra mundial.

Una ligera brisa se colaba por las dos ventanas rotas y arrastró un papel que Harmon Jackson tenía sobre su pupitre, tirándolo al suelo. Harmon se agachó y lo recogió.

—Cuéntanos algo, Charlie —dijo Sandra Cross.

Noté que una sonrisa extraña se formaba en mis labios. Quise entonar el estribillo de una canción popular, una sobre unos ojos azules bonitos, preciosos, pero no logré recordar los versos y, probablemente, no me habría atrevido de todos modos. Soy muy malo cantando. Así pues, me limité a mirarla y a dedicarle mi sonrisa fantasmagórica. Sandra se ruborizó un poco, pero no bajó la mirada. La imaginé casada con algún patán, con cinco trajes de dos botones y un papel higiénico de color pastel, muy a la moda, en el cuarto de baño. Me dolió lo inevitable de su destino. Tarde o temprano, todas descubren lo poco chic que resulta menear el culo en el grupo de danza de Sadie Hawkins o meterse en el maletero del coche para entrar sin pagar en el cine al aire libre. Entonces dejan de tomar pizzas y meter monedas en la máquina tocadiscos del bar de Fat Jimmy. Y dejan de besarse con los chicos en el huerto de los arándanos. Y siempre terminan pareciéndose a las muñequitas recortables de las revistas juveniles. Doblar por la pestaña A, la pestaña B y la pestaña C. Observa Cómo Se Hace Mayor Ante Tus Propios Ojos. Por un instante, pensé que terminaría por ponerme a llorar, pero evité tal indignidad preguntándome si Sandra también llevaría hoy sus braguitas blancas.

Eran las 10.20. Entonces empecé a hablar.

22

Yo tenía doce años cuando mi madre me compró el traje de pana. Para entonces, papá me había dejado ya por imposible y mi existencia era responsabilidad absoluta de mi madre. Llevé el traje a la iglesia los domingos y a las reuniones bíblicas los jueves por la tarde. Con mi surtido de tres pajaritas con cierre a presión. Absolutamente a la antigua.

Sin embargo, no habría pensado nunca que quisiera hacérmelo poner para ir a aquella maldita fiesta de cumpleaños. Lo intenté todo. Razoné con ella, amenacé con no ir, incluso probé a mentirle diciendo que la fiesta se había anulado porque Carol tenía la varicela. Una llamada a la madre de Carol aclaró que no era así. Nada dio resultado. Mamá me dejaba ir a la mía la mayor parte del tiempo pero, cuando se le metía una idea en la cabeza, no había manera de quitársela. Escuchad esto: un año, por Navidad, el hermano de mi padre le regaló un enorme rompecabezas rarísimo. Creo que tío Tom estaba confabulado en esto con mi padre. Mamá hacía muchos rompecabezas —yo la ayudaba—, y los dos hombres consideraban tal afición como la mayor pérdida de tiempo del mundo. Así pues, mi tío le envió uno de esos rompecabezas de quinientas piezas que tenía un único arándano en la esquina inferior derecha. Todo el resto del puzzle estaba en blanco, sin más dibujos ni tonos de color. Mi padre se rió como un loco al verlo. «Vamos a ver si eres capaz de hacer ése, Madre», le dijo. Siempre la llamaba «Madre» cuando creía que le había hecho alguna buena jugada, y ella siempre se enfadaba cuando lo hacía. El día de Navidad por la tarde, mamá se sentó y volcó las piezas en la mesa de los rompecabezas que tenía en el dormitorio (para entonces, cada uno tenía el suyo). Los días 26 y 27 de diciembre, papá y yo tomamos comidas preparadas para almorzar y para cenar pero, en la mañana del 28, el rompecabezas estaba terminado. Mamá le sacó una fotografía Polaroid para enviársela a tío Tom, que vive en Wisconsin. Luego recogió el rompecabezas y lo guardó en la buhardilla. Eso fue hace dos años y, por lo que sé, todavía sigue allí. Pero lo hizo. Mi madre era una persona agradable, culta y con buen sentido del humor. Trata bien a los animales y a los mendigos que tocan el acordeón. Pero no la incordies o te lanzará una coz... generalmente dirigida justo a la entrepierna.

Yo la estaba poniendo de mal humor. De hecho, empezaba a repetirle mis argumentos por cuarta vez en el mismo día, pero apenas quedaba tiempo para actuar de otra manera. La pajarita me rodeaba ya el cuello de la camisa como una araña rosa con patas de metal ocultas, la americana me iba demasiado estrecha, y mamá incluso me había hecho poner los zapatos de punta redondeada, que eran los de lucir el domingo. Mi padre no estaba; había ido al bar de Gogan a añorar los viejos tiempos con algunos de sus amigos, pero si hubiera estado en casa habría dicho que mi aspecto era de «perfecto orden de revista». Yo no quería pasar por idiota.

—Escucha, mamá...

—No quiero oír una palabra más del asunto, Charlie.

Yo tampoco quería oír una palabra más, pero era yo el que me jugaba el título de Huevón del Año, y no ella. Por eso me sentí obligado a utilizar el viejo gruñido escolar.

—Lo único que intento decirte es que nadie va a aparecer en la fiesta con traje, mamá. Esta mañana he llamado a Joe McKennedy y me ha dicho que pensaba llevar...

—Cállate ya con eso —me interrumpió ella sin levantar la voz. Obedecí. Cuando mi madre dice «cállate», habla en serio—. Cállate, o no te dejaré ir a ninguna parte.

Yo sabía qué significaba eso. «No ir a ninguna parte» abarcaría mucho más que la fiesta de Carol Granger. Probablemente abarcaría el cine, el parque de atracciones de Harlow, y las clases de natación del mes siguiente. Mamá es tranquila, pero tiene un pronto terrible cuando no se hacen las cosas a su modo. Me acordé del rompecabezas, que se titulaba «El último arándano del huerto». Aquel juego la había puesto de mal humor y llevaba dos años encerrado en la buhardilla. Y si queréis saberlo, como alguno lo sabrá ya, yo sentía entonces cierta atracción por Carol. Le había comprado un pañuelo con sus iniciales y lo había envuelto yo mismo. Mamá se había ofrecido a hacerlo pero no la dejé. Además, no se trataba de ninguna baratija de medio dólar. Era una monada que costaba cincuenta y nueve centavos en la tienda Lewiston J. C. Penney y tenía una puntilla todo alrededor.

—Está bien —gruñí pues a mi madre—. Está bien, está bien.

—Y no vuelvas a intentar engañarme —me advirtió con gesto ceñudo—. Tu padre todavía es muy capaz de darte una buena paliza.

—No voy a saberlo... —dije—. Cada vez que estamos juntos en la misma habitación me lo recuerda.

—Charlie...

—He de irme ya, mamá —añadí rápidamente, desviando la conversación—. Hasta luego.

—¡No te ensucies! —gritó ella cuando casi estaba en la puerta—. ¡No te manches los pantalones de helado! ¡Acuérdate de dar las gracias cuando te vayas! ¡Saluda a la señora Granger!

No dije nada a ninguna de esas órdenes, considerando que hacerlo sería darle nuevos ánimos para continuar. Me limité a hundir más aún en el bolsillo la mano en la que no llevaba el paquete, y a bajar la cabeza.

—¡Pórtate como un caballero!

¡Señor!

—¡Y acuérdate de no empezar a comer hasta que lo haya hecho Carol!

¡Dios santo!

Me apresuré a desaparecer de su vista antes de que decidiera echar a correr detrás de mí para ver si me había meado encima.

Pero no era un día hecho para sentirse mal. El cielo estaba despejado, el sol calentaba lo suficiente y había una ligera brisa que hacía más agradable el camino. Estábamos en vacaciones de verano y quizá Carol mostraría incluso cierto interés por mí. Naturalmente, yo no sabía qué haría si Carol, en efecto, lo mostraba; quizá llevarla de paquete en mi bicicleta. En cualquier caso, ya me ocuparía de cómo cruzar ese puente si llegaba a él. Quizá incluso estaba sobreestimando las cualidades negativas del atractivo de un traje de pana. Si a Carol le atraía algún actor que los usara, yo le iba a encantar.

Entonces vi a Joe y empecé a sentirme de nuevo como un absoluto estúpido. Llevaba unos tejanos blancos muy gastados y una camiseta. Le vi mirándome de arriba abajo y fruncí el ceño. La chaqueta tenía botones de cobre con figuras en relieve. Absolutamente pasados de moda.

—Vaya traje —me dijo—. Pareces ese tipo del programa de Lawrence Belch. El del acordeón.

—Myron Floren —dije—. Exacto.

Me ofreció un chicle y le quité el papel.

—Idea de mi madre.

Me llevé el chicle a la boca. Era un Black Jack. No lo hay mejor. Me lo pasé por la lengua e hice globos con él. Volvía a sentirme mejor. Joe era un amigo, el único que había tenido. Nunca parecía tenerme miedo ni le molestaban mis extrañas costumbres (por ejemplo, cuando me viene una buena idea a la cabeza, tengo tendencia a ir por ahí con las muecas más espantosas en el rostro sin siquiera advertirlo; ¿no dio el señor Grace una conferencia acerca de cosas así en una clase?). Yo superaba a Joe en asuntos de cerebro, pero él me aventajaba mucho en cuestión de hacer amistades. La mayoría de los chicos no dan ningún valor al cerebro; el tipo con CI alto que no sabe jugar al béisbol, o al menos acabar tercero en una paja en grupo, es un cero a la izquierda. En cambio, a Joe le gustaba mi modo de pensar. Nunca lo dijo, pero sé que era así. Y como Joe gustaba a todo el mundo, al menos tenían que tolerar mi presencia. No puedo decir que adorara a Joe McKennedy, pero sí algo parecido. Era mi droga.

Y así estábamos, caminando y mascando nuestros Black Jack, cuando una mano se posó en mi hombro como un estampido. Casi me trago el chicle. Trastabillé y me volví. Era Dicky Cable.

Dicky era un chico bajo y robusto que siempre me recordaba, en cierto modo, a una segadora de césped, una gran Briggs & Stratton modelo autopropulsado con el tubo de escape abierto. Tenía una gran sonrisa cuadrada, absolutamente llena de dientes grandes, blancos y cuadrados, que encajaban arriba y abajo como los dientes de un engranaje. Esos dientes parecían mascar y roer entre sus labios como las cuchillas móviles de una segadora cuando van tan rápidas que parecen no moverse. Tenía aspecto de comer niños exploradores para cenar. Por lo que yo sabía, así era.

—¡Hijo de perra, qué guapo vas! —Dicky le hizo un guiño de complicidad a Joe—. ¡Hijo de perra, estás más guapo que una mierda de búho!

Y un nuevo palmetazo en la espalda. Me sentí muy pequeño. Un palmo apenas. Le tenía miedo; creo que tenía una vaga idea de que tendría que pegarme con él antes de que terminara el día, y que probablemente me echaría atrás de la pelea.

—Déjame la espalda en paz, ¿vale? —dije.

Pero él no estaba dispuesto a dejarla en paz. Continuó dándole y dándole hasta que llegamos a casa de Carol. Comprendí lo peor en el instante de cruzar la puerta. Nadie iba bien vestido. Carol se hallaba en medio de la habitación y estaba realmente guapísima. Radiante. Se la veía bonita y relajada, con una leve pátina de sofisticación en su adolescencia apenas iniciada. Probablemente todavía lloraba y le daban pataletas y se encerraba en el baño; posiblemente, todavía escuchaba discos de los Beatles y tenía una foto de David Cassidy, que aquel año estaba magnífico, en una esquina del espejo. Sin embargo, no daba en absoluto esa impresión. Y el hecho de que no la diera me dolió y me hizo sentirme como un enano. Llevaba un vestido marrón y se reía entre un grupo de chicos, gesticulando con sus manos.

Dicky y Joe se acercaron a entregarle sus regalos y ella se rió y asintió y les dio las gracias y, Dios santo, qué guapa estaba.

Decidí marcharme. No quería que me viera con la pajarita y el traje de pana con botones metálicos. No quería verla hablar con

Dicky Cable, que a mí me parecía una segadora humana pero que daba la impresión de caerle muy bien a ella. Igual que Lamont Cranston, me limitaría a nublar unas cuantas mentes y escurrir el bulto a continuación. Tenía un dólar en el bolsillo, una propina por haber limpiado de hierbas el jardín de flores de la señora Katzent el día anterior, y podría meterme en algún cine de Brunswick si alguien me subía a su coche. Allí, sentado en la oscuridad, podría administrarme una buena dosis de autocompasión.

Pero antes de que pudiera encontrar el picaporte para salir, la señora Granger me vio.

No era mi día. Imaginad una falda plisada y una de esas blusas de gasa translúcidas sobre un tanque Sherman. Un tanque Sherman con dos torretas de cañones. Su cabello parecía un huracán, un moño por un lado, otro moño por el otro. Y ambos sostenidos de algún modo por un gran lazo de satén de un venenoso color amarillo.

—¡Charlie Decker! —cloqueó.

Y abrió unos brazos que parecían dos rebanadas de pan. Dos grandes rebanadas. Por poco me entra el pánico y salgo corriendo. Era un alud preparándose para desplomarse. Era todos los monstruos que han hecho los japoneses reunidos en uno: era Ghidra, Mothra, Godzilla, Rodan y Tukan el Terrible cargando a través del salón de los Granger. Pero eso no fue lo peor. Lo peor fue que todo el mundo se volvió a mirarme..., ya sabéis a qué me refiero.

La señora Granger me dio un beso baboso en la mejilla y graznó:

—¡Pero qué guapo vas!

Y por un instante terrible, creí que iba a añadir: «Vas más guapo que una mierda de búho».

Bien, no voy a torturaros ni a mí ni a vosotros con los detalles. ¿De qué serviría? Ya os habréis hecho una idea. Tres horas de puro infierno. Dicky se acercaba a cada oportunidad con un «¡Pero qué guapo vas!». Un par de chicos se acercaron a preguntarme quién había muerto.

El único que permaneció a mi lado fue Joe, pero incluso eso me molestó un poco. Le vi decirle a más de un chico que me dejara en paz y eso no me gustó mucho. Me hizo sentirme el tonto del pueblo.

Creo que la única que no se enteró de mi presencia fue Carol. Me hubiera molestado que viniera a pedirme si quería bailar cuando pusieron los discos, pero más me molestó que no lo hiciera. Yo no hubiera podido bailar, pero era la intención lo que contaba.

De modo que anduve por allí mientras los Beatles cantaban *The Ballad of John and Yoko* y *Let It Be*, mientras los Adreizi Brothers cantaban *We Gotta Get It On Again*, mientras Bobby Sherman cantaba *Hey, Mr. Sun* en su soberbio estilo desentonado. Ofrecí mi mejor impresión de maceta ambulante. Mientras, la fiesta continuó. Tiempo y tiempo. Pareció que iba a durar eternamente, que los años pasarían fuera de ella como hojas al viento, que los coches serían ya montones de metal oxidado, que las casas se habrían derrumbado, que los padres se habrían convertido en polvo, que las naciones habrían visto auges y decadencias. Tuve la sensación de que aún seguiríamos allí cuando el arcángel Gabriel apareciera sobre nosotros con la trompeta del juicio en una mano y un espantasuegras en la otra. Hubo helado, hubo un gran pastel en el que ponía FELIZ CUMPLEAÑOS, CAROL en azúcar verde y rojo, y hubo más baile, y un par de chicos quisieron jugar a hacer rodar la botella, pero la señora Granger lanzó una gran carcajada y dijo: «No, ah, no». ¡Oh, no!

Por fin, Carol dio unas palmadas y dijo que saliéramos todos al jardín y jugáramos a seguir al rey, ese juego que hace referencia a la cuestión más candente del momento: ¿Estás preparado para la sociedad del mañana?

Todo el mundo salió al exterior. Vi a los invitados corriendo ir de un lado a otro pasándoselo bien, o haciendo lo que se entiende por pasárselo bien cuando se forma parte de un grupo de jóvenes recién llegados a la pubertad. Yo me retrasé un minuto en salir, pensando que Carol tardaría un segundo en hacerlo, pero ella fue de las primeras en salir al jardín. Crucé la puerta y me quedé en el porche observando la escena. Joe también estaba allí, sentado en la barandilla del porche con una pierna colgando y la otra apoyada en el suelo, y ambos contemplamos el ambiente de la fiesta. No sé cómo, Joe siempre parecía estar donde yo me colocaba, sentado sobre cualquier cosa, con una pierna colgando, observando.

—Carol es una presumida —dijo Joe finalmente.

—No. Sólo está muy ocupada. Hay un montón de gente, ¿lo ves?

—Una mierda —respondió Joe.

Permanecimos en silencio unos instantes. Luego, alguien gritó:

—¡Eh, Joe!

—Si te metes a jugar, vas a ensuciarte el traje y a tu madre le dará un ataque —dijo Joe.

—O dos —añadí.

—¡Vamos, Joe!

Esta vez había sido Carol. Se había puesto unos pantalones de algodón, probablemente diseñados por Edith Head, y se la veía alegre y bonita. Joe me miró. Quería seguir cuidando de mí y, de pronto, me sentí más aterrorizado que nunca desde aquella noche en que desperté en la tienda de campaña durante la cacería con mi padre. Cuando llevas un rato bajo la protección de alguien, empiezas a odiar esa situación; además, tenía miedo de que Joe me odiara algún día por ello. En aquel instante, con mis doce años, no tenía muy claras tales ideas, pero las intuía.

—Ve —le dije.

—¿Estás seguro de que no prefieres...?

—Sí, sí. De todos modos, tengo que volver pronto a casa.

Le observé alejarse, un poco dolido de que no se ofreciera a acompañarme, pero aliviado por otra parte. Luego empecé a cruzar el césped en dirección a la calle.

Dicky se fijó entonces en mí.

—¿Te vas ya, guapito?

Debería haberle respondido con algo ocurrente, pero sólo fui capaz de decirle que se callara.

Me cerró el paso como si hubiera estado esperando la oportunidad de hacerlo, con su gran sonrisa de cortadora de césped cubriéndole la mitad inferior del rostro. Olía a verdor y reciedumbre, como las lianas de la selva.

—¿Cómo has dicho, guapito?

Todas las emociones de la tarde se acumularon en mi interior y me sentí furioso. Realmente furioso. Le habría escupido al mismísimo Hitler. Así de furioso me sentía.

—He dicho que te calles. Apártate de mi camino.

(En la clase, Carol Granger se cubrió los ojos con las manos... pero no me pidió que dejara el tema. Agradecí que no lo hiciera y sentí respeto por ella por esa actitud.)

Todos me miraban, pero nadie decía nada. La señora Granger estaba dentro de la casa cantando *Swanee* a voz en grito.

—Quizá piensas que puedes hacerme callar —dijo Dicky pasándose la mano por el cabello engominado.

Le aparté a un lado de un empujón. Estaba como fuera de mis casillas. Era la primera vez que me sentía así. Era otro yo, otra persona, quien impulsaba mis actos. Yo me limitaba a seguir sus iniciativas, nada más.

Dicky se lanzó contra mí; descargó el puño y me golpeó en el hombro, paralizándome casi los músculos del brazo. ¡Vaya daño me hizo! Era como si me hubiese alcanzado una bola de nieve dura.

Le agarré, porque nunca he sabido boxear, y le empujé hacia atrás por el jardín. Su gran sonrisa humeaba y exhalaba el aliento hacia mi rostro. Con un rápido movimiento de pies, me pasó un brazo en torno al cuello como si se dispusiera a darme un beso. Con el otro puño, empezó a golpearme en la espalda, pero fue como si alguien golpeara en una puerta muy lejana. Tropezamos con una figura de piedra de un flamenco rosa situada en el césped y caímos a éste.

Dicky era fuerte, pero yo estaba desesperado. De pronto, golpear a Dicky Cable se convirtió en mi única misión en la vida. Era como si estuviera en la Tierra para eso. Recordé el relato de la Biblia sobre la lucha de Jacob con el ángel y solté una risita demente ante el rostro de Dicky. Le tenía debajo de mí y me esforzaba por mantenerme en aquella situación.

Sin embargo, de pronto se escurrió de debajo de mi cuerpo —era un tipo terriblemente escurridizo— y me golpeó en el cuello con un brazo.

Emití un breve grito y quedé tendido sobre el vientre. En un abrir y cerrar de ojos, Dicky quedó montado sobre mi espalda. Intenté darme la vuelta, pero no lo conseguí.

No lo conseguí. Dicky se disponía a sacudirme porque no podía quitármelo de encima. Todo resultaba horrible y carente de sentido. Me pregunté dónde estaría Carol. Mirando la escena, probablemente. Todos debían de estar mirando. Noté que el traje de pana se desgarraba bajo las axilas y que los botones metálicos con figuras grabadas saltaban uno por uno al arrastrarme por la tierra. Pero no conseguí darme la vuelta.

Dicky se reía. Me agarró por la cabeza y me golpeó con ella contra el suelo como una pelota.

—¡Eh, guapito! —*Pam*. Estrellitas y el sabor de la hierba en la boca. Ahora era yo la segadora de césped—. ¡Eh, guapito, estás hecho una monada!

Me agarró de nuevo por el cabello y me hundió la cabeza en la hierba. Me puse a gritar.

—¡Estás hecho un auténtico dandy! —exclamaba Dicky entre risas mientras seguía aplastándome la cabeza contra el suelo—. ¡Tienes un aspecto estupendo!

De pronto, desapareció de encima de mí porque Joe le había arrancado de su posición.

—¡Basta ya, maldita sea! —gritaba Joe—. ¿No ves que ya es suficiente?

Me puse en pie, llorando. Tenía el cabello sucio de tierra. La cabeza no me dolía lo suficiente para justificar las lágrimas, pero allí estaban. No podía contenerlas. Todos me observaban con ese curioso aire perruno que ponen los chicos cuando han ido demasiado lejos, y noté que no querían mirarme y verme llorar. Tenían los ojos fijos en las puntas de sus pies como si quisieran asegurarse de que aún estaban allí. Miraban la valla cerrada con una cadena como para asegurarse de que nadie la estuviera robando. Algunos miraban hacia la piscina del jardín vecino por si alguien estuviera ahogándose en ella y necesitara un rápido rescate.

Carol estaba en primera fila y se disponía a dar un paso hacia adelante. Entonces miró a su alrededor para ver si alguien más se disponía a hacer lo mismo, pero no encontró a nadie. Dicky Cable se estaba pasando un peine por el cabello. No se había ensuciado en absoluto. Carol movió los pies con gesto nervioso. El viento agitaba su blusa.

La señora Granger había dejado de cantar *Swanee*. Estaba en el porche, boquiabierta.

Joe se acercó y me puso una mano en el hombro.

—¡Eh, Charlie! ¿Qué te parece si nos vamos ya?

Intenté apartarle con un brazo y sólo conseguí caer tendido al suelo nuevamente.

—¡Déjame en paz! —le grité.

Mi voz sonó ronca y furiosa. Más que gritar, estaba sollozando. Sólo me quedaba un botón en el traje de paño, y éste colgaba de la americana sujeto apenas por un hilo. Los pantalones estaban húmedos y manchados de hierba. Me puse a gatear sobre el césped aplastado, llorando todavía, mientras buscaba los botones que habían saltado. Tenía la cara ardiendo.

Dicky murmuraba por lo bajo una rápida letanía que no entendí, y daba la impresión de querer pasarse el peine por el cabello nuevamente. Cuando lo recuerdo, reconozco que tengo que admirarle por ello. Al menos, no estaba poniendo cara de cocodrilo llorón después de lo sucedido.

La señora Granger se acercó a mí caminando como un pato.

—Charlie... Charlie, cariño...

—¡Cállate, vieja gorda! —le grité.

No podía ver nada. Todo aparecía borroso ante mis ojos y todos los rostros parecían abalanzarse sobre mí. Todas las manos tendidas hacia mí parecían garras. No alcanzaba a ver lo suficiente para encontrar el resto de los botones.

—¡Vieja gorda! —repetí.

Luego, salí corriendo.

Me detuve tras una casa desocupada de la calle Willow y me senté ante ella hasta que se hubieran secado todas mis lágrimas. Bajo la nariz tenía una capa de mucosidad seca. Desdoblé el pañuelo y me limpié. Luego me soné la nariz. Se acercó un gato callejero e intenté acariciarlo. El gato rehuyó mi mano. Yo sabía exactamente cómo debía de sentirse el animal.

El traje estaba realmente echado a perder, pero eso no me importaba. Ni siquiera me preocupaba lo que diría mi madre,

127

aunque lo más probable era que, más adelante, llamase a la madre de Dicky y protestara por la conducta de su hijo con su voz refinada. En cambio, me preocupaba mi padre. Le imaginé allí sentado, contemplándome detenidamente con cara de póquer y diciendo a continuación: *¿Cómo ha quedado el otro chico?*

E imaginé mis mentiras.

Continué sentado casi una hora, haciendo planes de acercarme a la autopista y poner el dedo, a la espera de que alguien me sacara de la ciudad para nunca volver.

Pero, finalmente, regresé a casa.

23

En el exterior de la escuela, se estaba constituyendo una verdadera convención policial. Coches patrulla azules, vehículos blancos del departamento de Policía de Lewiston, otros blancos y negros de Brunswick y dos más de Auburn. Los policías responsables de aquella exposición automovilística iban de aquí para allá, agachados tras los vehículos. Aparecieron más periodistas. Traían cámaras equipadas con teleobjetivos como cobras que apoyaban sobre el techo de sus vehículos. Se habían instalado vallas para detener el tráfico en la carretera a ambos lados de la escuela, junto a una doble hilera de esos recipientes de queroseno que producen tanto hollín, y que a mí siempre me han parecido esas bombas de los anarquistas que salen en los tebeos. La gente del departamento de Obras Públicas municipal había colocado un rótulo con la palabra DESVIACIÓN. Supongo que no tenían en el almacén nada más apropiado, como MARCHA LENTA. LOCO SUELTO, por ejemplo. Don Grace y el bueno de Tom Denver charlaban animadamente con un tipo enorme, fornido, que vestía uniforme de la policía del estado. Don parecía casi enfadado. El tipo fornido le escuchaba, pero movía la cabeza en gesto de negativa. Calculé que debía de tratarse del capitán Frank Philbrick, de la Policía del Estado de Maine. Me pregunté si sabría que me estaba ofreciendo un blanco perfecto.

Carol Granger rompió el silencio con voz temblorosa. El aire avergonzado que cubría su rostro resultaba alarmante. Yo no había contado aquella historia para avergonzarla.

—Yo era apenas una niña, Charlie.

—Ya lo sé —respondí con una sonrisa—. Aquel día estabas terriblemente bonita. Desde luego, no parecías ninguna niña.

—Y también tenía cierto interés por Dicky Cable.

—¿Incluso después de la fiesta?

Carol pareció avergonzada todavía más.

—Más que nunca. Fui con él a la fiesta campestre de octavo curso. Me pareció muy..., muy osado, supongo. Muy impetuoso. En esa fiesta campestre se..., se puso fresco, ¿entendéis?, y yo me dejé. Un poco. Pero ésa fue la única vez que fui con él a alguna parte. Ahora ni siquiera sé por dónde anda.

—Está en el cementerio de Placerville —dijo Dick Keene con voz neutra.

El comentario me sorprendió desagradablemente. Era como si acabara de ver el fantasma de la señora Underwood. Todavía habría sido capaz de señalar los lugares donde Dicky me había golpeado. La idea de que estuviera muerto provocó un terror extraño, casi nebuloso, en mi mente. Al mismo tiempo, vi en el rostro de Carol un reflejo de lo que yo mismo estaba sintiendo. *Se puso fresco y yo me dejé. Un poco*, había dicho. ¿Qué significa eso exactamente para una estudiante destacada como Carol? Quizá Dicky la había besado. Quizá incluso la había llevado a un prado apartado y había explorado el territorio virgen de sus pechos florecientes. En la fiesta campestre de octavo curso. Dios nos valga. Dicky había sido osado e impetuoso.

—¿Qué le sucedió? —preguntó Don Lordi.

Dick respondió sin prisas.

—Le atropelló un camión. Resulta curioso. No llega a divertido, desde luego, pero sí es chocante. Se sacó el carnet de conducir en octubre pasado y llevaba el coche como un loco. Como un auténtico chalado. Supongo que quería demostrar a todo el mundo que tenía... pelotas, ¿entendéis? Y lo hacía de tal manera que casi nadie quería subir al coche con él. Tenía un Pontiac de 1966 y él se encargaba de todos los arreglos. Lo pintó de verde botella y hasta dibujó un as de espadas en la portezuela del copiloto.

—Sí —dijo Melvin—. Yo vi ese coche varias veces. En el parque de atracciones de Harlow.

—Le acopló sin ayuda un cambio de marchas Hearst —continuó Dick—. Carburador de cuatro cilindros, leva de culata y carburante a inyección. El coche ronroneaba. Zumbaba a noventa en segunda. Yo iba con él una noche cuando tomamos a ciento treinta la calle Stackpole en Harlow. Llegamos a las curvas de Brisset y empezamos a derrapar. Lo pasé fatal. Tienes razón, Charlie: cuando sonreía, Dicky tenía un aire extraño. No sé si se parecía realmente a una segadora de césped, pero desde luego tenía un aspecto muy extraño. Mientras derrapábamos, no dejaba de sonreír. Y decía…, decía como si hablara consigo mismo: «Lo puedo dominar, lo puedo dominar», una y otra vez. Y lo consiguió; entonces le hice detenerse y volví a casa caminando. Tenía las piernas como si fueran de goma. Un par de meses después le atropelló un camión de reparto en Lewiston mientras cruzaba la calle Lisbon. Randy Milliken iba con él y dijo que Dick no iba ni siquiera bebido o colocado. Toda la culpa fue del camionero. Le metieron tres meses en la cárcel, pero Dick está muerto. Es curioso.

Carol parecía mareada. Estaba muy pálida. Tuve miedo de que se desmayara y, para atraer la atención de su mente hacia otras cosas, le dije:

—¿Se enfadó conmigo tu madre, Carol?

—¿Eh?

Ella miró alrededor de aquel modo gracioso y desconcertado en que solía hacerlo.

—La llamé vieja. Vieja gorda, creo recordar.

—¿Eh? —Carol arrugó la nariz; luego, creo que sonrió agradecida al darse cuenta de mi maniobra—. Desde luego. Se enfadó y mucho. Pensó que toda la culpa de la pelea era exclusivamente tuya.

—Tu madre y la mía iban juntas a un club, ¿verdad?

—¿Al club de Lectura y Bridge? Es cierto. —Sus piernas seguían sin cruzarse, y ahora sus rodillas estaban algo separadas. Se echó a reír—. Te diré la verdad, Charlie. Tu madre no me caía bien, aunque sólo la había visto un par de veces y sólo habíamos intercambiado unos saludos. Mi madre siempre hablaba de lo terriblemente inteligente que era la señora Decker, de lo bien que captaba el sentido de las novelas de Henry James y cosas así. Y del espléndido caballerete que eras tú.

—Ya sé, más guapo que una mierda de búho —asentí con gesto serio—. A mí también me decía cosas parecidas de ti, ¿sabes?

—¿De verdad?

—Es cierto.

De pronto me vino a la cabeza una idea que me sacudió como un puñetazo en la nariz. ¿Cómo era posible que no me hubiera dado cuenta en tanto tiempo, con lo que me gustaba darle vueltas a las cosas? Me eché a reír, repentinamente complacido y con cierta amargura. Luego añadí:

—Apuesto a que ahora entiendo por qué esa insistencia en que llevara el traje. A eso se llamaba «Hacer de casamentera», o «¿No harían una parejita estupenda?», «Pensar en una descendencia inteligente». Las mejores familias juegan a eso, Carol. ¿Quieres casarte conmigo?

Carol me miró boquiabierta.

—¿Acaso querían...?

Pareció incapaz de terminar la frase.

—Eso es lo que creo.

Ella sonrió y se le escapó una risita. Luego lanzó una franca carcajada. Parecía una ligera falta de respeto hacia los muertos, pero lo dejé correr, aunque, a decir verdad, la señora Underwood nunca estaba lejos de mis pensamientos. Después de todo, yo casi estaba pisando su cuerpo.

—Ese tipo grandullón viene hacia aquí —anunció Bill Sawyer.

Así era. Frank Philbrick avanzaba hacia el edificio de la escuela sin volver la vista a ningún lado. Deseé que los fotógrafos de prensa le estuvieron tomando el lado bueno; quién sabe, quizá querría utilizar alguno de los retratos para las postales navideñas de aquel año. Entró por la puerta principal. Escuché sus confusos pasos al fondo del vestíbulo, como si fuera otro mundo, y le oí subir a continuación hacia el despacho. Tuve el extraño pensamiento de que sólo allí dentro me parecía una persona real. Todo lo que había al otro lado de las ventanas era pura televisión. El espectáculo eran ellos, no yo. Mis compañeros pensaban igual. Lo leía en sus rostros.

Un silencio.

Clic. El intercomunicador.

—¿Decker?

—¿Sí, señor?

El tipo jadeaba profundamente. Se le podía oír aspirar y exhalar ante el micrófono, como si fuera un enorme animal sudoroso. Nunca me ha gustado ese sonido. Mi padre hace lo mismo cuando habla por teléfono. Le llega a uno su profundo jadeo, hasta el punto de que casi se puede apreciar el olor a whisky y a Pall Mall de su aliento. Siempre me ha parecido un acto antihigiénico y un tanto homosexual.

—Vaya una situación curiosa en que nos has metido a todos, Decker.

—Supongo que así es, señor.

—No nos entusiasma la idea de tener que disparar contra ti.

—A mí tampoco, señor. Ni tampoco le aconsejo que lo intente.

Un profundo jadeo.

—Bueno, salgamos de una vez de dudas y veamos qué tenemos en el saco. ¿Cuál es tu precio?

—¿Precio? —dije—. ¿Precio?

Por un loco instante, tuve la impresión de que me había tomado por una interesante pieza de mobiliario parlante, una silla Morris, quizá, equipada para suministrar al presunto comprador toda la información pertinente. Al principio, la idea me pareció divertida. Luego, me puso furioso.

—El precio por dejarles en libertad. ¿Qué quieres? ¿Salir por televisión? De acuerdo. ¿Hacer alguna declaración para los periódicos? Concedido. —Un bufido, otro y otro—. Pero hagámoslo y terminemos de una vez, antes de que esto se convierta en una ensalada de tiros. Sólo tienes que decirnos qué quieres.

—Le quiero a usted —respondí.

El jadeo se interrumpió. Luego se reanudó. Empezaba a crisparme los nervios.

—Tendrás que explicarme eso —dijo el policía.

—Desde luego, señor. Podemos hacer un trato. ¿Le gustaría hacer un trato? ¿Es eso lo que me está proponiendo?

No hubo respuesta. Sólo unos jadeos. Philbrick salía en el noticiario de las seis cada víspera de una fiesta importante del

calendario para leer un mensaje de «por favor, conduzca con pru-
dencia» con cierta ineptitud tosca que resultaba fascinante y casi
cautivadora. Durante el diálogo con él había notado algo familiar
en su voz, algo que tenía cierto tufo a *déjà vu*. Ahora, por fin,
podía ubicarlo. Era ese jadeo. Incluso por televisión, sonaba
como un toro dispuesto a montar a un buen ejemplar de vaca.

—¿Cuál es el trato?

—Antes dígame una cosa —respondí—. ¿Hay alguien ahí fuera que me crea capaz de decidirme a ver cuánta gente soy capaz de
matar aquí abajo? ¿Quizá lo cree así Don Grace?

—Esa mierda de tío —murmuró Sylvia antes de llevarse una
mano a la boca.

—¿Quién ha dicho eso? —rugió Philbrick.

Sylvia se puso pálida.

—Yo —respondí—. También tengo ciertas tendencias transe-
xuales, señor. —Pensé que no sabría a qué me estaba refiriendo y
estaría demasiado preocupado para preguntarlo—. ¿Podría responder a mi pregunta?

—En efecto, hay gente que te considera capaz de cualquier
cosa que te pase por la cabeza —respondió pesadamente.

Al fondo del aula, alguien rió entre dientes. Creo que el intercomunicador no lo captó.

—Muy bien, pues. El trato es éste. Usted será el héroe. Baje
aquí. Desarmado. Entre con las manos sobre la cabeza. Dejaré
salir a todo el mundo. Luego le volaré su jodida cabeza, señor.
¿Le parece un buen trato? ¿Compra?

Jadeos.

—Tienes una boca muy sucia, muchacho. Ahí abajo hay chicas. Chicas muy jóvenes.

Irma Bates miró a su alrededor, sorprendida, como si alguien
acabara de llamarla por su nombre.

—El trato —insistí—. El trato.

—No —dijo Philbrick—. Podrías matarme y seguir reteniendo
a los rehenes. —Más jadeos—. Pero bajaré, si quieres. Quizá podríamos encontrar alguna salida.

—Amigo —dije en tono paciente—, si deja usted de hablar por
ese micrófono y no le veo salir por la misma puerta que ha utiliza-

do para entrar en un plazo de quince segundos, alguien probará el sabor del plomo aquí abajo.

Nadie pareció especialmente preocupado ante la perspectiva de probar el sabor del plomo.

Más jadeos.

—Tus oportunidades de salir de ésta con vida van reduciéndose.

—Frank, señor mío, nadie sale con vida de ésta. Hasta mi padre lo sabe.

—¿Saldrás de esa clase?

—No.

—Si lo prefieres así... —No parecía preocupado—. Ahí abajo tienes a un chico llamado Jones. Quiero hablar con él.

Me pareció bien.

—Te toca a ti, Ted —le dije—. Ahí está tu gran oportunidad. No la desaproveches. Chicos, Ted va a jugarse las pelotas ante vuestros propios ojos.

Ted miraba fijamente el enrejado negro del intercomunicador.

—Aquí Ted Jones, señor.

En su voz, el «señor» sonaba mejor.

—¿Sigue bien todo el mundo ahí abajo, Jones?

—Sí, señor.

—¿Cómo juzga la estabilidad de Decker?

—Creo que está dispuesto a todo, señor —dijo Ted, mirándome directamente a los ojos.

En los suyos había un destello salvaje. Carol pareció súbitamente irritada. Abrió la boca para protestar y luego, recordando quizá sus futuras responsabilidades como oradora de fin de curso y como Faro del Mundo Occidental, cerró la boca con gesto brusco.

—Gracias, señor Jones.

Ted pareció absurdamente complacido de que le hubieran llamado «señor».

—¿Decker?

—Aquí estoy.

—Volveremos a vernos —dijo el policía con un nuevo jadeo.

—Será mejor que le vea pronto —respondí—. En quince segundos. —Luego, como si acabara de pasarme por la cabeza, añadí—: ¿Philbrick?

—¿Sí?

—Tiene usted una costumbre asquerosa, ¿sabe? Ya la había notado en esos anuncios de seguridad vial que hace en televisión. Jadea usted en los oídos de los demás. Su respiración suena como la de un caballo en celo, Philbrick. Es una costumbre asquerosa. Tendría que cuidar más esas cosas.

Philbrick emitió unos chasquidos y resopló, pensativo.

—Jódete, chico —masculló por fin, antes de desconectar el intercomunicador.

Doce segundos después, exactamente, apareció por la puerta principal, caminando con aire impasible. Cuando llegó hasta los coches que habían sido colocados en el césped, hubo una nueva conferencia. Philbrick gesticulaba exageradamente.

Dentro, nadie dijo nada. Pat Fitzgerald se mordía una uña con gesto pensativo. Pocilga había sacado otro lápiz y lo estudiaba con atención. Y Sandra Cross me miraba fijamente. Parecía haber una especie de niebla entre ambos que la hacía resplandecer.

—¿Y el sexo? —dijo Carol de pronto.

Cuando todos se volvieron a mirarla, ella se ruborizó.

—Yo, varón —dijo Melvin, y al fondo de la clase sonaron un par de carcajadas masculinas.

—¿A qué te refieres? —pregunté.

Carol tenía aspecto de desear haberse cosido la boca para no hablar.

—Pensaba que cuando alguien empieza a portarse..., bueno, ya sabes..., de manera extraña...

Se detuvo, confundida, pero Susan Brooks saltó rápidamente a la palestra.

—Es cierto —afirmó—. Y todos vosotros deberíais dejar de sonreír. Todo el mundo piensa que el sexo es sucio. Y eso es sólo la mitad de la canción en lo que a nosotros respecta. A nosotros nos preocupa.

Susan miró a Carol con aire protector.

—Eso es lo que quería decir —asintió la segunda—. ¿Eres..., bueno, has tenido alguna experiencia desagradable?

—Nada, desde el tiempo en que me acostaba con mamá —respondí suavemente.

Una expresión de absoluta sorpresa se apoderó de su rostro, y luego comprendió que me estaba burlando. Pocilga soltó una risita cargada de tristeza y continuó mirando su lápiz.

—No, de verdad —insistió Carol.

—Bueno —dije, con el ceño fruncido—. Hablaré de mi vida sexual si tú hablas antes de la tuya.

—¡Oh...!

Parecía sorprendida de nuevo, pero agradablemente en esta ocasión. Grace Stanner se echó a reír.

—Te ha pillado, Carol —dijo.

Yo siempre había tenido la oscura impresión de que esas dos chicas no se gustaban, pero ahora Grace parecía estar riéndose de corazón, como si se hubiera borrado alguna desigualdad sabida pero nunca mencionada.

—¡Bravo, bravo! —dijo Corky Herald, sonriendo.

Carol se había ruborizado por completo.

—Lamento haberlo preguntado.

—Vamos —la animó Don Lordi—. No te dolerá.

—Se enteraría todo el mundo —explicó Carol—. Ya sé cómo los chi..., cómo la gente comenta estas cosas.

—Secretos —se burló Mike Gavin con un ronco susurro—, dadme más secretos.

Todo el mundo se rió, pero no iba a ser asunto de broma.

—No estáis siendo justos —protestó Susan Brooks.

—Es cierto —asentí—. Dejémoslo.

—¡Oh!... No importa —dijo Carol—. Hablaré. Os contaré algo.

Ahora me tocó a mí sorprenderme. Todo el mundo la miró con expectación. No sé qué esperaban oír en realidad: un caso terrible de envidia de pene, quizá, o Diez Noches con una Vela. Imaginé que se iban a llevar un chasco, fuera cual fuese. Nada de látigos, de cadenas o de sudores nocturnos. Una virgen de ciudad pequeña, inteligente, bonita y que quizá un día se largaría de Placerville y empezaría a vivir una vida de verdad. A veces, las chicas como ella, cambian en la universidad. Algunas descubren el existencialismo, la destrucción de las estructuras sociales y las pipas de hachís. Otras se limitan a integrarse en fraternidades de chicas estudiantes y continuar el mismo dulce sueño que iniciaron en la escuela secundaria, un sueño tan corriente entre las bonitas vírgenes de ciudad pequeña que casi podría recortarse de un patrón de revista, como una blusa sin mangas o una faldita de deporte. Los chicos y chicas del estilo de Carol tienen un pero: si llevan dentro alguna fibra torcida, aparece. Si no la llevan, uno puede descifrarlos con la misma facilidad con que haría una raíz cuadrada. Las chicas como Carol tienen un novio formal y les gusta un poquito de besuqueo (pero, como dicen The Tubes, «No me toques ahí»), nada exagerado. Supongo que tanto da. Uno esperaría más, pero lo siento, eso es todo. Las chicas de ese estilo son como las cenas preparadas para ver la televisión. Está bien. No voy a cargar mucho contra ese tema en concreto. Esas chicas son un tanto obtusas.

Y Carol Granger daba esa imagen. Salía en serio con Buck Thorne (el perfecto hombre norteamericano). Buck era el central de los Galgos de Placerville, que habían logrado un *récord* de victorias de 11-0 en la temporada de otoño, hecho que el entrenador, Bob Stoneham, se encargaba de repetirnos en las frecuentes asambleas para potenciar el espíritu de escuela.

Thorne era un patán bonachón que pesaba sus buenos cien kilos; no era la cosa más brillante que camina a dos patas (pero era buen material para la escuela, desde luego), y Carol no tenía, probablemente, demasiados problemas para mantenerle a raya. He advertido que las chicas bonitas son también las mejores domadoras de leones. Además, siempre he tenido la impresión de que, para Buck Thorne, la cosa más sensual del mundo era una entrada del repartidor de juego por el centro de la línea contraria.

—Soy virgen —declaró Carol, desafiante, despertándome de mis pensamientos. Cruzó las piernas como para demostrarlo simbólicamente y luego, bruscamente, las volvió a descruzar—. Y no creo que sea tan terrible. Ser virgen es como ser buena estudiante.

—¿De veras? —preguntó Grace Stanner, titubeante.

—Una tiene que esforzarse por serlo —aclaró Carol—. A eso me refiero: una tiene que esforzarse por serlo.

138

La idea parecía agradarle. A mí, me produjo un escalofrío.

—¿Te refieres a que Buck nunca...?

—¡Oh!, antes lo deseaba, y supongo que aún lo desea, pero yo se lo dejé muy claro al principio de salir con él. Y no soy frígida, ni puritana, es sólo que...

Dejó colgada la frase, buscando cómo terminarla.

—... Que no quieres quedarte embarazada —dije yo.

—¡No! —replicó ella, casi desdeñosa—. Lo sé todo respecto a eso.

Con algo parecido a la sorpresa, comprendí que estaba enfadada y molesta por serlo. La irritación es una emoción muy difícil de dominar para una adolescente programada. Carol añadió:

—No vivo de libros todo el tiempo. He leído todo acerca del control de natalidad en...

Se mordió el labio cuando comprendió la contradicción en la que acababa de caer.

—Bien —dije, mientras daba unos golpecitos sobre el cuaderno de borrador del escritorio con la empuñadura de la pistola—. Esto es grave, Carol. Muy grave. Creo que una chica debería saber por qué es virgen, ¿no te parece?

—¡Yo sé por qué!

—¡Ah! —asentí, servicial.

Varias chicas la miraban con interés.

—Porque...

Silencio. Al fondo, el silbato de Jerry Kesserling dirigiendo el tráfico.

—Porque...

Carol echó un vistazo alrededor. Varias de las chicas fruncieron el ceño y bajaron la vista hacia sus pupitres. En ese momento, hubiera dado casa y hacienda, como dicen los viejos labradores, por saber cuántas vírgenes había entre nosotros.

—¡No tenéis por qué mirarme todos! ¡Yo no os he pedido que me mirarais! ¡No voy a seguir hablando de esto! ¡No tengo por qué hacerlo!

Me miró con acritud.

—La gente la machaca a una. Te abruma si les dejas, como ha dicho antes Pocilga. Todos quieren hacerte bajar a su nivel y ensuciarte. Mira qué están haciendo contigo, Charlie.

139

Yo no estaba seguro de que me hubieran hecho nada hasta entonces, pero mantuve la boca cerrada.

—Yo caminaba por la calle Congress, en Portland, justo antes de Navidad el año pasado. Iba con Donna Taylor. Estábamos haciendo unas compras navideñas. Acababa de comprarle un pañuelo a mi hermana en Porteus-Mitchell e íbamos charlando y riendo. Simples tonterías. Lanzábamos risitas. Eran las cuatro más o menos y empezaba a oscurecer. Nevaba. Todas las luces de colores encendidas y los escaparates estaban llenos de paquetes y adornos... muy bonitos... Y había uno de esos Santa Claus del Ejército de Salvación en la esquina de la librería Jones. El tipo tocaba la campana y sonreía. Me sentía muy bien. Me sentía espléndidamente. Era como el espíritu de la Navidad y esas cosas. Iba pensando en llegar a casa y prepararme un chocolate caliente con nata batida por encima. Y entonces se acercó ese coche y el que iba al volante sacó la cabeza por la ventanilla y gritó: «¡Eh, coñito!».

Anne Lasky dio un respingo. Debo reconocer que la palabra sonaba terriblemente curiosa en boca de alguien como Carol Granger.

—Exactamente eso —confirmó agriamente—. Todo se rompió. Todo se vino abajo. Como esa manzana que una muerde creyéndola sana y encuentra el agujero de un gusano. «¡Eh, coñito!» Como si no hubiera allí nada más, como si no hubiera una persona, sino sólo un..., un... —En su boca se formó una mueca temblorosa, dolorida—. Y también eso es como ser una buena estudiante. Te intentan meter cosas en la cabeza hasta que está llena del todo. Es otro agujero, nada más. Nada más.

Sandra Cross tenía los ojos casi cerrados, como si estuviera soñando.

—¿Sabéis? —dijo—. Me siento rara. Creo que...

Quise saltar y decirle que se callara, que no se involucrara en aquel desfile de locos, pero no pude. Repito, no pude. Si yo no jugaba con mis propias reglas, ¿quién lo haría?

—Creo que ahí está todo —dijo al fin.

—O cerebro, o coño —afirmó Carol con titubeante buen humor—. No deja margen para mucho más, ¿no?

—A veces —confesó Sandra—, me siento muy vacía.

—Yo... —empezó a decir Carol, y luego se volvió hacia Sandra, sorprendida—. ¿De veras?

—Sí. —La chica miró pensativa por las cristaleras rotas—. Me gusta tender la ropa en los días de viento, y a veces me parece que sólo soy eso. Una sábana colgada del tendedero. Y una trata de interesarse en cosas... En política, en la escuela... El semestre pasado estuve en el Consejo de Estudiantes... pero no es nada real, y resulta terriblemente insulso. Y por aquí no hay muchas minorías o cosas así por las que luchar o..., bueno, ya me entendéis. Cosas importantes. Por eso dejé que Ted me lo hiciera.

Observé atentamente a Ted, que contemplaba a Sandra con expresión helada. Empezó a caer sobre mí una gran negrura. Noté cerrarse mi garganta.

—Tampoco fue para tanto —continuó Sandra—. No sé a qué viene tanto alboroto con eso. Es...

Sandra me miró con los ojos muy abiertos, pero apenas alcancé a verla. En cambio, vi muy bien a Ted. Le tenía perfectamente enfocado. De hecho, parecía estar rodeado por un extraño fulgor dorado que resaltaba sobre la oscuridad recién formada ante mí como un halo, como un aura sobrenatural.

Levanté la pistola con mucho cuidado y con ambas manos.

Por un instante, pensé en las cavidades internas de mi cuerpo, en los mecanismos vivientes que funcionan sin cesar en la interminable oscuridad.

Me disponía a disparar contra él, pero ellos lo hicieron antes contra mí.

24

Ahora sé qué había sucedido, pero entonces lo ignoraba.

Allí fuera tenían al mejor francotirador del estado, un policía llamado Daniel Malvern, de Kent's Hill. El *Sun* de Lewiston publicó una foto suya cuando todo hubo terminado. Era un tipo bajito con un corte de pelo militar. Su aspecto era el de un contable. Le habían dado un enorme Mauser con mira telescópica. Daniel Malvern se llevó el Mauser a un depósito de arenas a varios kilómetros de distancia, hizo allí varios disparos de tanteo y luego volvió frente a la escuela y se situó tras uno de los vehículos policiales aparcados en el césped con el fusil escondido bajo la pernera del pantalón. Se acomodó tendido sobre el vientre detrás del guardabarros delantero, oculto en la sombra. Midió la fuerza del viento mojándose el pulgar. Nulo. Puso el ojo en la mira telescópica. A través de la lente de treinta aumentos, mi figura debía de aparecer grande como una excavadora. Ni siquiera había un cristal que le molestara con un reflejo, pues los había roto yo mismo un rato antes, cuando disparé la pistola para hacer que dejaran de utilizar el altavoz. Un disparo fácil. Pero Dan Malvern se tomó su tiempo. Después de todo, quizá era el disparo más importante de su vida. Yo no era un pichón de barro. Mis tripas iban a esparcirse por todo el encerado que tenía detrás cuando la bala hiciera el agujero. El crimen nunca paga. El loco muerde el polvo. Y cuando me incorporé, semiinclinado sobre el escritorio de la señora Underwood, para meterle una bala en el cuerpo de Ted Jones, llegó la gran oportunidad de Dan. Mi cuerpo estaba vuelto a medias hacia él. Disparó y puso la bala justo donde había esperado y deseado ponerla: justo en el bolsillo izquierdo de mi camisa, situado directamente encima del mecanismo viviente de mi corazón.

Y allí fue a dar sobre el duro acero de Titus, el Útil Candado.

25

Seguí sosteniendo la pistola.

El impacto del disparo me envió hacia atrás contra el encerado, donde la bandeja de la tiza me golpeó cruelmente en la espalda. Los dos mocasines de cuero salieron despedidos de mis pies. Caí al suelo de culo. No sabía qué había sucedido. Hubo demasiadas cosas al mismo tiempo. Un enorme dolor taladró mi pecho, seguido de una súbita insensibilidad. Me resultó imposible respirar y delante de mis ojos aparecieron unas brillantes lucecitas.

Irma Bates se puso a gritar. Tenía los ojos cerrados, los puños apretados y el rostro turbado, enrojecido por la tensión. La vi lejana e irreal, como si saliera de una montaña o de un túnel.

Ted Jones saltaba de nuevo de su asiento, realmente flotando, en un movimiento lento e irreal. Esta vez, se dirigía hacia la puerta.

—¡Han cazado a ese hijo de perra! —Su voz sonaba increíblemente lenta y arrastrada, como un disco de 78 r.p.m. pasado a 33—. ¡Le han dado a ese loco...!

—Siéntate.

No me oyó. No me sorprendí de ello. No tenía aliento para hablar. Ted tenía ya la mano en el picaporte cuando disparé. La bala se estrelló en la madera junto a su cabeza y Ted se agachó. Al volverse, su rostro era una mezcla de emociones cambiantes: rotundo asombro, angustiosa incredulidad y odio furibundo, asesino.

—No puede ser... Estás...

—Siéntate. —Esta vez me salió un poco mejor. Quizá habían pasado seis segundos desde que el impacto me había dejado sentado sobre el culo—. Deja de chillar, Irma.

—Te han disparado, Charlie —dijo Grace Stanner con toda la calma.

Miré hacia afuera. Los policías corrían hacia el edificio. Abrí fuego dos veces y me obligué a respirar. El dolor volvió de nuevo, amenazando con hacer estallar mi pecho.

—¡Atrás! ¡Atrás o les mato!

Frank Philbrick se detuvo y miró a su alrededor agitadamente. Parecía esperar una llamada telefónica del cielo. Parecía lo bastante confuso para intentar continuar el avance, de modo que volví a disparar apuntando al aire. Era el momento de que al jefe de policía le funcionara la cabeza a cien por hora durante medio segundo.

—¡Atrás! —volví a gritar—. ¡Todos hacia atrás ahora mismo!

Se retiraron más de prisa de lo que habían tardado en echarse al suelo.

Ted Jones venía hacia mí. Aquel chico, sencillamente, no formaba parte del universo real.

—¿Quieres que te vuele la cabeza? —pregunté.

Se detuvo, pero en su rostro todavía lucía aquella expresión terrorífica, retorcida.

—Estás muerto —susurró—. Acaba ya de una vez, maldito.

—Siéntate, Ted.

El dolor de mi pecho era algo vivo, horrible. Notaba el lado izquierdo de la caja torácica como si lo hubiera machacado el martillo de plata de Maxwell de la canción de los Beatles. No me atreví a mirarme por miedo a lo que pudiera encontrar. Toda mi clase cautiva me contemplaba con expresión de preocupado horror. El reloj indicaba las 10.55.

—¡DECKER!

—Siéntate, Ted.

Levantó el labio en un rictus facial inconsciente que me hizo recordar a un galgo delgadísimo que había visto siendo niño junto a una calle muy transitada, tendido en el suelo con una herida mortal. Ted se lo pensó un instante, y luego obedeció. Tenía un buen número de cercos de sudor que se extendían desde las axilas.

—¡DECKER! ¡EL SEÑOR DENVER VA A SUBIR AL DESPACHO!

Era Philbrick quien hablaba por el altavoz, y ni siquiera la asexuada sexualidad del aparato podía ocultar la terrible conmoción que le embargaba. Una hora antes, me hubiera complacido —y llenado— salvajemente; ahora, en cambio, no sentí nada.

—¡QUIERE HABLAR CONTIGO!

Tom salió de detrás de uno de los coches y empezó a cruzar el césped caminando lentamente, como si esperara recibir un disparo en cualquier instante. Pese a la distancia, parecía diez años más viejo. Ni siquiera eso podía complacerme. Ni siquiera eso.

Me levanté poco a poco, luchando contra el dolor, y me calcé de nuevo los mocasines. Estuve a punto de caer y tuve que agarrarme al escritorio con la mano libre para sostenerme.

—¡Oh, Charlie! —gimió Sylvia.

Llené de nuevo el cargador de la pistola, esta vez apuntando hacia ellos (no creo que ni siquiera Ted supiera que no podía dispararse con el cargador sacado); lo hice lentamente para retrasar lo más posible el momento de mirarme. El pecho me latía en palpitaciones de dolor. Sandra Cross parecía perdida de nuevo en algún sueño difuso.

El cargador encajó de nuevo en su posición con un chasquido y bajé la vista al pecho casi despreocupadamente. Llevaba una camisa totalmente azul (siempre me han gustado los colores sólidos) y esperaba encontrarla totalmente bañada en sangre. Pero no lo estaba.

Había un gran agujero oscuro justo en medio del bolsillo. A su alrededor se repartía una rociada desigual de agujeros más pequeños, como uno de esos mapas del sistema solar que muestran los planetas dando vueltas en torno al sol. Me llevé la mano al bolsillo con mucho cuidado. Entonces fue cuando me acordé de Titus, a quien había rescatado de la papelera. Lo saqué con mucha delicadeza. La clase hizo «¡ahhhh!» como si acabara de serrar por la mitad a una mujer o hubiera sacado un billete de cien dólares de la nariz de Pocilga. Nadie me preguntó por qué llevaba el candado en el bolsillo. Me alegré. Ted observaba a Titus con acritud y, de pronto, me sentí muy enfadado con Ted. Y me pregunté si le gustaría tomarse al pobre Titus como almuerzo.

La bala había hecho pedazos el dial de plástico duro, de alta densidad, enviando fragmentos de metralla a alta velocidad a tra-

145

vés de la camisa. Ninguno de tales fragmentos me había tocado. El acero tras la placa de plástico había detenido la bala, convirtiéndola en un mortífero capullo de plomo con tres brillantes pétalos. Todo el candado estaba retorcido, como si hubiera estado al fuego. El gancho semicircular había quedado derretido como melcocha. La parte de atrás del cuerpo del candado se había abollado, pero la bala no la había atravesado.*

¡*Clic!* en el intercomunicador.

—¿Charlie?

—Un momento, Tom. No me des prisas.

—Charlie, tienes que...

—¡Cierra esa maldita boca, te digo!

Me desabroché la camisa y la abrí. La clase emitió un nuevo «¡ahhhh!». Titus había quedado impreso en mi pecho, que había adquirido un color púrpura muy subido, y la carne había quedado aplastada formando una cavidad que parecía lo bastante profunda como para contener agua. No me gustó lo que veía, igual que no me gusta ver a los viejos borrachos con la bolsa de papel que contiene la botella bajo la nariz, como esos que siempre rondan cerca del bar de Gogan, en el centro de la ciudad. La visión de mi pecho me hizo sentir náuseas y volví a abrocharme la camisa.

—Tom, esos cerdos han intentado matarme.

—No pretendían...

—¡No me vengas con lo que pretendían o no hacer! —le interrumpí a gritos. Había en mi voz un tono demente que todavía me hizo sentir peor—. Saca tu viejo culo agrietado ahí fuera y dile a ese cabrón de Philbrick que ha estado a punto de causar un baño de sangre aquí abajo. ¿Me has entendido?

*Fue un año y medio más tarde cuando vi por primera vez ese anuncio por televisión. Ése del tipo con el rifle que apunta al candado colgado en un tablero. Incluso hay un plano a través de la mira telescópica. El candado es de una marca conocida, no recuerdo cuál. El tipo aprieta el disparador. Y se ve saltar el candado, mellado y aplastado, y el de ese anuncio tenía exactamente el mismo aspecto que el viejo Titus cuando lo saqué del bolsillo. El anuncio muestra lo que sucede a velocidad normal y luego lo repite a cámara lenta; la primera y única vez que lo vi, tuve que meter la cabeza entre las piernas y vomitar entre mis tobillos. Entonces se me llevaron. Me devolvieron a mi habitación. Y al día siguiente mi psiquiatra favorito encontró una nota referida al hecho y vino a decirme: «Me he enterado de que ayer sufriste una recaída, Charlie. ¿Quieres que hablemos de ello?». Pero no pude hacerlo. Nunca he sido capaz de hablar de ese asunto. Hasta hoy.

—Charlie...

Tom estaba gimoteando al otro lado del intercomunicador.

—¡Cállate! Estoy harto de perder el tiempo contigo. Ahora soy yo quien dice cómo se hacen las cosas. No tú, ni Philbrick, ni el inspector escolar, ni el mismo Dios. ¿Lo has entendido?

—Charlie, deja que te explique...

—¿LO HAS ENTENDIDO?

—Sí, pero...

—Muy bien. Por fin lo hemos aclarado. Sal ahí fuera, pues, y llévale este mensaje: No quiero verle a él o a ninguna otra persona haciendo el menor movimiento durante la próxima hora. Nadie volverá a entrar para utilizar este maldito intercomunicador, y nadie intentará disparar contra mí otra vez. A mediodía quiero hablar de nuevo con Philbrick. ¿Te acordarás de todo, Tom?

—Sí, Charlie. Está bien, Charlie. —Parecía aliviado y estúpido—. Ellos sólo quieren que te diga que se ha tratado de un error, Charlie. Se le ha disparado el arma accidentalmente a uno de los agentes y...

—Otra cosa más, Tom. Muy importante.

—¿Cuál es, Charlie?

—Es preciso que conozcas exactamente tu posición respecto a ese Philbrick. El tipo te ha dado una pala y ha ordenado que vayas detrás del carro de bueyes para recoger la mierda. Y eso es precisamente lo que estás haciendo. Yo le ofrecí la oportunidad de arriesgar el culo, pero se negó a hacerlo. Despierta, Tom. Imponte. Hazte respetar.

—Charlie, tienes que entender la posición terrible en que nos has colocado a todos.

—Lárgate, Tom.

El señor Denver desconectó. Todos le vimos salir por la puerta principal y encaminarse de nuevo hacia los coches. Philbrick se aproximó a él y le puso la mano en el brazo. Tom se la quitó de encima con gesto brusco. Muchos de los chicos se echaron a reír al verlo. Yo no estaba con ánimos de reír. Quería estar en casa, en mi cama, soñando todo aquello.

—Sandra —dije—. Creo que nos estabas contando tu *affaire de coeur* con Ted.

Éste me dirigió una mirada sombría.

—Sandy —masculló luego—, no le cuentes nada. Charlie sólo pretende hacernos parecer a todos tan sucios como él. Está enfermo y lleno de gérmenes. No le dejes que te infecte con ellos.

Sandra sonrió. Cuando ponía aquella sonrisa infantil estaba realmente radiante. Sentí una amarga nostalgia, no de ella, exactamente, ni de cualquier imaginaria pureza (las braguitas de Dale Evans y todo eso), sino de algo que no acababa de concretarse en mi mente. Fuera lo que fuese, me causaba un sentimiento de vergüenza.

—Pero es que quiero hacerlo —replicó Sandra—. Yo también quiero armarla buena. Siempre lo he querido.

Eran las once en punto en el reloj. En el exterior, parecía haberse detenido cualquier actividad. Ahora, yo estaba sentado a buena distancia de las ventanas. Consideré que Philbrick iba a concederme la hora que había exigido. No se atrevería a hacer nada más por el momento. Me sentía mejor y el dolor del pecho había remitido ligeramente. Sin embargo, notaba la cabeza muy extraña, como si mi cerebro estuviera funcionando sin refrigerante y se recalentara como el motor de un gran coche de competición por el desierto. En algunos momentos, casi me sentía tentado de creer (vana presunción) que era yo quien les mantenía a raya, por pura fuerza de voluntad. Ahora, naturalmente, sé que nada había más lejos de la verdad. Esa mañana sólo tenía un rehén de verdad, y éste era Ted Jones.

—Sencillamente, lo hicimos —dijo Sandra, con la mirada fija en el pupitre y siguiendo las marcas de la superficie de éste con la cuidada uña del pulgar. Observé la raya de su cabello. La llevaba a un lado, como los chicos—. Ted me preguntó si quería ir al baile de Wonderland con él, y acepté. Ya tenía un nuevo novio. —Levantó el rostro hacia mí con una expresión de reproche—. Tú nunca me lo preguntaste, Charlie.

¿Era posible que me hubieran disparado en el candado apenas diez minutos antes? Tuve el loco impulso de preguntarles si había sucedido realmente. ¡Qué extraños eran todos aquellos chicos y chicas!

—De modo que fuimos allí, y luego pasamos por la Cabaña Hawaiana. Ted conoce al encargado y éste nos preparó unos cócteles como los que toman los adultos.

Resultaba difícil saber si en su voz había o no un tono de sarcasmo. El rostro de Ted mostraba una estudiada impasibilidad, pero los demás le miraban como si estuvieran observando un bicho extraño. Era un joven como ellos, apenas entrado en la adolescencia, y conocía al encargado de aquel antro. Corky Herald estaba meditando sobre aquel descubrimiento y, evidentemente, no le agradaba en absoluto.

—No pensaba que me fueran a gustar las copas, pues todo el mundo dice que el alcohol tiene un sabor horrible las primeras veces, pero lo encontré bueno. Tomé un gin fizz y las burbujas me picaron en la nariz. —Sandra dirigió una mirada pensativa hacia adelante—. En el vaso había unas pajitas, de color rojo, y no sabía si eran para beber por ellas o sólo se utilizaban para agitar el combinado, hasta que Ted me lo aclaró. Fue un rato estupendo. Ted me habló de lo magnífico que resultaba jugar al golf en Poland Springs, y dijo que me llevaría allí alguna vez para enseñarme a jugar, si me apetecía.

Ted volvía a levantar y bajar el labio, como un perro.

—No se portó como…, como un fresco, ¿entendéis? Aunque me dio un beso al despedirnos y no le noté nada nervioso al hacerlo. Hay chicos que se sienten fatal durante todo el camino de vuelta a casa, dudando sobre si deben o no darle a una un beso de despedida. Yo siempre se lo doy a todos, para que no se sientan mal. Y si han resultado ser unos bobos o no me han gustado, sencillamente me imagino que estoy lamiendo un sello.

Me acordé de la primera vez que salí con Sandy Cross y fuimos al baile habitual del sábado noche en la escuela. Me había sentido fatal todo el trayecto de vuelta a su casa, dudando sobre si debía o no darle un beso de despedida. Finalmente, no lo hice.

—Después de ese día, salimos tres veces más. Ted era muy agradable. Siempre tenía algo ocurrente que decir, pero nunca contaba chistes verdes o cosas así, ya sabéis. Nos besuqueamos un poco, y nada más. Después, estuvimos una larga temporada sin vernos fuera de clase, hasta el abril pasado. Entonces me preguntó si quería ir con él a la pista de patinaje de Lewiston.

Yo había querido proponerle una cita para ir al baile de Wonderland, pero no me había atrevido. Joe, que siempre consigue una cita cuando se lo propone, no hacía más que preguntarme por qué no me lanzaba, y yo me ponía cada vez más nervioso y le decía que me dejara en paz. Finalmente, reuní el valor suficiente para llamarla a su casa, pero tuve que colgar el teléfono después del primer zumbido y correr al baño para vomitar. Como ya he dicho, tengo un estómago fatal.

—Nos lo estábamos pasando muy bien charlando cuando, de repente, un grupo de chicos inició una discusión en medio de la pista —continuó Sandra—. Chicos de Harlow y de Lewiston, supongo. Se armó una buena pelea. Algunos se pegaban con los patines puestos, pero la mayoría se los habían quitado. El encargado del local salió a decir que, si no lo dejaban, cerraría inmediatamente. Muchos sangraban por la nariz y seguían patinando y dando patadas a los que habían caído al suelo, y lanzando los puños y gritando cosas horribles. Y mientras tanto eso sucedía, la máquina tocadiscos sonaba a todo volumen con la música de los Rolling Stones.

Sandra hizo una pausa y luego prosiguió:

—Ted y yo estábamos en un rincón de la pista, cerca del conjunto. Los sábados por la noche tienen música en directo, ¿sabéis? Entonces se acercó a mí un chico con una chaqueta negra, montado sobre sus patines. Llevaba el cabello largo y tenía el rostro lleno de granos. Riéndose, hizo un gesto a Ted mientras pasaba junto a nosotros y le gritó: «¡Fóllatela, tío! ¡Yo lo he hecho!», y Ted lanzó el puño y le golpeó en un lado de la cabeza. El chico salió patinando hasta la mitad de la pista, tropezó con los pies de otro patinador y cayó al suelo de cabeza. Mientras, Ted se había vuelto a mirarme, y los ojos, oídme, casi se le salían de las órbitas. Sonreía. ¿Sabéis?, ésa fue la única vez que he visto sonreír de verdad a Ted, como si lo estuviera pasando en grande.

»Entonces va Ted y me dice: "Vuelvo en seguida", y avanza hasta el centro de la pista, hacia el lugar donde el chico que había dicho aquello estaba todavía incorporándose de su caída. Ted le agarró por la parte posterior de la chaqueta y..., no sé..., empezó a sacudirle adelante y atrás..., y el chico no podía volverse... Ted continuó sacudiéndole; al chico le iba la cabeza de un lado para otro, y se le rompió la chaqueta justo por la mitad. Y el chico exclamó: "Te mataré por romperme mi mejor chaqueta, hijo de p.", de modo que Ted le volvió a sacudir y el chico cayó al suelo y Ted le echó a la cara el pedazo de chaqueta que le había quedado entre las manos. Luego volvió hacia donde yo estaba, y nos fuimos. Me llevó en el coche hasta un depósito de arenas que él conocía, cerca de Auburn. Creo que está en la carretera a Lost Valley. Y entonces lo hicimos. En el asiento de atrás.

Sandra volvía a recorrer con la uña las marcas grabadas sobre el pupitre.

—No me dolió mucho. Pensaba que me dolería, pero no. Fue agradable.

Lo decía como si estuviera hablando de una película de dibujos de Walt Disney, una de esas de animalitos simpáticos y parlanchines. Sólo que en ésta el protagonista era Ted Jones en el papel del Picamaderos Calvo.

Por encima del cuello de la camisa caqui de Ted empezaba a asomar un progresivo azoramiento, que se le extendió por las orejas y las mejillas. Su rostro seguía encolerizadamente inexpresivo.

Las manos de Sandra hicieron unos gestos lentos, lánguidos. De pronto, comprendí que su hábitat natural debía de ser la hamaca bajo un porche en los días más calurosos de agosto, con una temperatura de treinta y cinco grados a la sombra, leyendo un libro (o acaso mirando simplemente el aire caliente que se eleva del suelo), con una lata de limonada al lado y una pajita flexible surgiendo de ella, vestida con unos pantalones blancos cortos, cortísimos, muy frescos, y una breve camiseta de tirantes con éstos bajados, con pequeñas gotas de sudor como diamantes esparcidas por la curva superior de sus pechos y por el vientre...

—Después me pidió disculpas. Se sentía incómodo y le tuve cierta lástima. Me repetía que se casaría conmigo si..., en fin, si quedaba embarazada. Estaba realmente preocupado, así que le dije: «Bueno, no nos preocupemos sin motivo, Teddy». Y él replicó: «No me llames así; es nombre de niño pequeño». Creo que le sorprendió que lo hiciera con él. Y tampoco quedé embarazada. No parecía que hubiera para tanto.

»A veces me siento como una muñeca, no como una persona real. Me arreglo el cabello y de vez en cuando tengo que coser el dobladillo de una falda, o cuidar a los pequeños cuando papá y mamá salen a divertirse una noche. Y todo parece muy falso. Como si pudiera asomarme tras la pared del salón y todo fuera de cartón piedra, con un director y un cámara a punto para rodar la escena siguiente. Como si la hierba y el cielo estuvieran pintados en una lona lisa. Todo falso. —Sandra me miró directamente—. ¿Te has sentido alguna vez así, Charlie?

Medité con mucho cuidado la respuesta.

—No —dije al fin—. No recuerdo que haya pasado nunca algo así por mi cabeza, Sandra.

—Pues por la mía sí. Y todavía más después de lo de Ted. Pero no me quedé embarazada ni nada de eso. Antes pensaba que todas las chicas quedaban embarazadas la primera vez, sin excepción. Me imaginaba cómo sería comunicárselo a mis padres. Papá se pondría realmente furioso y querría saber quién había sido el hijo de perra, y mi madre lloraría y diría: «Creía que te había educado bien». Eso sí que sería real. Más adelante, dejé de pensar en ello. No podía recordar exactamente cómo había sido eso de…, de tenerle…, bueno, dentro de mí. Por eso volví a la pista de patinaje.

El aula estaba en absoluto silencio. Ni en sus mejores sueños habría podido la señora Underwood imaginar que le prestaran tanta atención como estaba recibiendo ahora Sandra Cross.

—Un chico me ligó. Le dejé que me ligara. —Los ojos de Sandra reflejaban ahora un extraño fulgor—. Yo llevaba mi falda más corta, la azul celeste. Y una blusa fina. Un rato después, salimos del local. Y esa vez sí pareció real. El chico no era demasiado considerado. Era más bien… inquietante. No le conocía de nada. Todo el rato iba pensando que quizá era uno de esos maniacos sexuales. Que quizá llevara una navaja. Que acaso querría hacerme tomar droga. O que quizá me dejaría embarazada. Me sentí viva.

Ted Jones se había vuelto finalmente y miraba a Sandra con

una cara casi tallada en madera, con expresión de horror y de absoluta repulsión. Todo parecía un sueño, una escena sacada de la Edad Media, una obra teatral de oscuras pasiones.

—Era un sábado por la noche y tocaba el conjunto. La música llegaba hasta el aparcamiento, pero muy amortiguada. La pista de patinaje no parece gran cosa desde la parte de atrás; sólo hay cajas y embalajes amontonados, y cubos de basura llenos de botellas de Coca-Cola. Tenía miedo, pero también estaba excitada. El chico respiraba muy aceleradamente y me agarraba de la muñeca con fuerza, como si pensara que iba a intentar escapar. Entonces...

Ted lanzó en ese instante un horrible bramido gutural. Resultaba difícil creer que una persona de mi edad pudiera sentirse afectada tan dolorosamente por algo que no fuera la muerte de sus padres. Volví a sentir admiración hacia él.

—El chico tenía un viejo coche negro que me hizo recordar lo que me advertía mi madre cuando yo era pequeña, que a veces algún desconocido la invitaba a una a subir a un coche con él, y que jamás debía hacerlo. Aquello también me excitó. Recuerdo que pensé: ¿Y si me rapta y me lleva a una vieja cabaña del desierto y me retiene allí para pedir un rescate? Él abrió la puerta de atrás y entré. Empezó a besarme. Tenía la boca aceitosa, como si hubiera comido pizza. Dentro venden pizza a veinte centavos la ración. Empezó a sobarme y vi que me estaba manchando la blusa de restos de pizza. Luego, ambos estábamos tendidos, y me levanté la falda para él...

—¡Calla! —gritó Ted con un súbito grito salvaje. Golpeó el pupitre con ambos puños cerrados y todo el mundo dio un respingo—. ¡Maldita zorra! ¡Nò debes contar eso delante de la gente! ¡Cierra esa boca o lo haré yo! ¡Eres...!

—¡Calla tú, Teddy, o te haré tragar los dientes por esa maldita garganta tuya! —le interrumpió Dick Keene con frialdad—. Tú ya tuviste lo tuyo, ¿verdad?

Ted le miró con la boca abierta. Él y Dick jugaban mucho juntos al billar en los salones recreativos de Harlow y, a veces, salían a buscar ligues en el coche de Ted. Me pregunté si, después de esto, seguirían siendo amigos cuando todo terminara. Tenía mis dudas.

—El tipo no olía muy bien —continuó Sandra, como si no hubiera habido ninguna interrupción—. Pero era fuerte. Y más corpulento que Ted. Además, no estaba circuncidado. Eso lo recuerdo muy bien. Cuando echó hacia atrás el..., el prepucio, ya sabéis, su glande me pareció una ciruela. Pensé que me iba a doler, aunque ya no era virgen. También pensé que podría aparecer la policía y detenernos, pues sabía que los agentes recorrían el aparcamiento para asegurarse de que nadie robara tapacubos o cosas así.

»Y entonces empezó a suceder algo curioso dentro de mí, antes incluso de que el chico me bajara las bragas. Jamás había sentido algo tan bueno. O tan real. —Sandra tragó saliva. Tenía el rostro encendido de rubor—. Me tocó apenas con su manos y me corrí. Tal cual. Y lo más curioso fue que él ni siquiera llegó a penetrarme. Estaba tratando de hacerlo y yo estaba intentando ayudarle y no hacía más que frotarme en el muslo con su cosa y de repente..., ya sabéis. Se quedó encima de mí un minuto y luego me dijo al oído: "Pequeña zorra, lo has hecho a propósito", y eso fue todo.

Sandra hizo un gesto vago con la cabeza antes de añadir:

—Pero fue todo muy real. Recuerdo cada detalle: la música, su manera de sonreír, el ruido de la cremallera cuando se abrió el pantalón..., todo.

Me sonrió con aquella mueca extraña, soñadora.

—Aunque lo de hoy ha sido mejor, Charlie.

Y lo extraño fue que no supe si me sentía enfermo o no. Creo que no, pero estaba muy cerca de ello. Supongo que cuando uno se desvía de la ruta principal, debe estar preparado para descubrir algunas cosas curiosas.

—¿Cómo sabe la gente que es real? —murmuré.

—¿Qué dices, Charlie?

—Nada...

Les observé con atención. Ninguno de ellos parecía enfermo. Todas sus miradas tenían un brillo perfectamente sano. En mi interior, algo (quizá una herencia directa del *Mayflower*) quería tener una respuesta a la pregunta de cómo había sido Sandra capaz de explicar todo aquello ante los demás, de cómo había sido capaz de contarlo públicamente. Sin embargo, no vi en la cara de ninguno de mis compañeros de clase una expresión que reflejara unos pensamientos semejantes. La habría podido encontrar en el rostro de Philbrick, o en el del pobre Tom Denver. Probablemente, no habría aparecido en el de Don Grace, aunque seguro que éste lo habría pensado, al menos. En mi fuero interno, y pese a todos los noticiarios nocturnos de televisión, yo mantenía hasta entonces la creencia de que las cosas cambian pero la gente no. Me causaba cierto horror empezar a comprender que durante todos aquellos años había estado jugando a béisbol en un campo de fútbol. Pocilga seguía estudiando la desagradable silueta de su lápiz. Susan Brooks sólo parecía dulcemente comprensiva. Dick Keene tenía en su rostro una expresión entre interesada y lujuriosa. Corky fruncía el ceño y mantenía baja la mirada mientras trataba de asimilar lo que acababa de escuchar. Grace parecía ligeramente sorprendida. Irma Bates seguía con su expresión ausente. No creo que se hubiera recuperado de la conmoción sufrida al verme disparar. ¿Eran tan sencillas las vidas de nuestros mayores como para que el relato de Sandy pudiera constituir para ellos un motivo de escándalo? ¿O tenían todos los presentes una vidas tan extrañas y llenas de un aterrador follaje mental que la aventura sexual de su compañera de clase no resultaba más excitante que obtener una partida gratis en la máquina del millón? No quise saberlo. No estaba en condiciones de valorar implicaciones morales.

Sólo Ted parecía enfermo y horrorizado, pero él ya no contaba.

—No sé qué va a suceder —dijo Carol Granger, ligeramente preocupada, mientras miraba a su alrededor—. Tengo miedo de que todo esto cambie las cosas, y no me gusta. —Me dirigió una mirada acusadora y añadió—: A mí me gustaba cómo estaban las cosas, Charlie, y no quiero que cambien cuando todo esto termine.

—¡Ah! —respondí.

Sin embargo, aquel tipo de comentario no tenía ninguna influencia sobre la situación. Las cosas habían escapado a todo control. No había modo alguno de negar tal realidad. Tuve el súbito impulso de reírme de todos ellos, de comentar que yo había empezado aquello como la atracción principal y que había terminado siendo el telonero de la función.

—Tengo que ir al baño —dijo de pronto Irma Bates.

—Aguántate —respondí.

Sylvia se rió.

—Es justo que cumplamos lo prometido —añadí—. Antes dije que os contaría mi vida sexual si también lo hacía Carol. En realidad, no hay mucho que explicar, salvo que sepáis leer las líneas de la mano. Sin embargo, hay una pequeña anécdota que quizá encontréis interesante.

Sarah Pasterne bostezó y tuve el súbito y penosísimo impulso de volarle la cabeza de un disparo. Sin embargo, como dicen los anuncios de coches de alquiler, el número dos debe rendir mucho más. Hay chicas que van muy de prisa, pero Decker sabe aspirar todas las colillas de cigarrillo psíquicas de los ceniceros de la mente.

Me vino de pronto a la cabeza esa canción de los Beatles que empieza: «Hoy he leído las noticias, chico...».

Y empecé a hablar.

26

El verano antes del penúltimo curso en la Escuela Secundaria de Placerville, Joe y yo fuimos a pasar un fin de semana a Bangor con el hermano de Joe, que tenía un trabajo de verano en el departamento de Higiene Pública de esa ciudad. Pete McKennedy tenía veintiún años (una edad fantástica, me parecía a mí, que entonces estaba en dura pugna con esa cloaca abierta que significan los diecisiete) e iba a la universidad de Maine, donde intentaba graduarse en Inglés.

Parecía que iba a ser un gran fin de semana. El viernes por la noche me emborraché por primera vez en mi vida, acompañado de Pete, Joe y un par de amigos del primero. A la mañana siguiente, no tuve mucha resaca. Pete no trabajaba los sábados, de modo que nos llevó al campus y nos enseñó la universidad. Es un sitio realmente agradable en verano, aunque en un sábado del mes de julio no había muchas chicas bonitas que poder mirar. Pete nos contó que la mayor parte de los estudiantes de verano se largaban a Bar Harbor o a Clear Lake los fines de semana.

Nos disponíamos a regresar a casa de Pete cuando éste se encontró con un conocido suyo que se encaminaba cansinamente hacia el calurosísimo aparcamiento.

—¡Scragg! —gritó Pete—. ¡Eh, Scragg!

Scragg era un tipo grande que vestía tejanos descoloridos salpicados de pintura y una camisa azul de trabajo. Llevaba un bigote caído de color arena y fumaba un pequeño habano de aspecto horrible que más adelante identificó como un auténtico Smoky Perote. Olía como a ropa interior quemándose lentamente.

—¿Qué tal va? —preguntó Scragg.

—Vamos tirando —respondió Pete—. Éste es mi hermano, Joe, y su amigo, Charlie Decker. Os presento a Scragg Simpson.

—¿Cómo va? —dijo Scragg, estrechándonos las manos y olvidándose luego de nosotros—. ¿Qué haces esta noche, Pete?

—Pensaba ir al cine con ellos dos.

—No lo hagas, Pete —dijo Scragg con una sonrisa—. No lo hagas, chico.

—¿Hay algún plan mejor? —preguntó Pete, también sonriendo.

—Dana Collette da una fiesta en esa casa junto a la playa que tienen sus padres cerca de Schoodic Point. Va a haber un millón de chicas sueltas. Lleva material.

—¿Sabes si Jerry Moeller tiene hierba? —preguntó Pete.

—La última vez que traté con él, tenía un buen montón. Extranjera, doméstica, local..., de todo salvo filtros para los canutos.

—Nos encontraremos allí esta noche, a menos que suceda algo muy grave —asintió Pete.

Scragg hizo un gesto con la cabeza y nos dijo adiós agitando la mano mientras se preparaba para reanudar su versión de la fórmula más tradicional de locomoción por el campus, el Caminar Indolente del Aspirante a la Graduación.

—Nos veremos —dijo mientras se despedía de Joe y de mí.

A continuación, fuimos a ver a Jerry Moeller, quien, según Pete, era el mayor camello del triángulo Orono-Oldtown-Stillwater. Procuré aparentar tranquilidad cuando lo supe, como si fuera uno de los más expertos fumadores de Placerville, pero interiormente me sentía excitado y bastante receloso. Según recuerdo, casi esperaba encontrar al tal Jerry sentado desnudo en el retrete con una cinta de goma atada por encima del codo y una hipodérmica colgando de la vena hinchada del antebrazo. Y observando el auge y caída de la antigua Atlántida en su ombligo.

Jerry tenía un pequeño piso en Oldtown, que limita con el campus por uno de sus lados. Oldtown es una población pequeña con tres rasgos característicos: la papelera, una fábrica de canoas, y doce de los antros de peor fama de esta gran región risueña. También había allí un campamento de auténticos indios de las reservas, la mayoría de los cuales te miraban como preguntándose cuánto pelo te habría salido ya en el culo y si merecería la pena arrancártelo como se haría con una cabellera.

Jerry no resultó ser uno de esos nefastos camellos que tienen organizada su corte entre el hedor del incienso y la música Ravi Shankar, sino un tipo menudo con una permanente sonrisa como una rodaja de limón. Iba vestido de pies a cabeza y razonaba con toda coherencia. Su único adorno era una chapa de color amarillo brillante con la frase A LAS RUBIAS LES ENCANTA. En lugar de Ravi y su Insoportable Sitar, tenía una gran colección de música country, del género bluegrass. Cuando vi sus discos de los Greenbriar Boys, le pregunté si había oído a los Tarr Brothers. Siempre he sido un gran aficionado al bluegrass. Después de eso, continuamos charlando. Pete y Joe permanecieron callados con aire de aburrimiento hasta que Jerry sacó algo que parecía un pequeño cigarrillo envuelto en papel marrón.

—¿Quieres encenderlo? —preguntó a Pete.

Éste lo encendió. El aroma era intenso, casi acre, y muy agradable. Le dio una profunda chupada, retuvo el humo en los pulmones y pasó el canuto a Joe, que expulsó entre toses la mayor parte del humo que había aspirado.

Jerry se volvió hacia mí.

—¿Has oído alguna vez a los Clinch Mountain Boys?

—No, pero he oído hablar de ellos —respondí.

—Tienes que escuchar esto —dijo él—. Es de primera, chico.

Puso un LP de un sello discográfico desconocido en el tocadiscos. Llegó a mis manos el cigarrillo de marihuana.

—¿Fumas tabaco? —me preguntó Jerry con aire paternal.

Moví la cabeza en gesto de negativa.

—Entonces, aspira poco a poco, o no te enterarás.

Di una lenta chupada. El humo era dulzón, bastante pesado, acre y seco. Lo retuve en los pulmones y pasé el canuto a Jerry. Los Clinch Mountain Boys empezaron a tocar *Blue Ridge Breakdown*.

Media hora más tarde habíamos dado cuenta de dos canutos más y estábamos escuchando a Flatt and Scruggs en una cancioncilla titulada *Russian Around*. Me disponía a preguntar cuándo empezaría a notarme colocado y entonces advertí que podía visualizar realmente los acordes del banjo en mi cerebro. Eran brillantes, como largos hilos de acero, y se movían adelante y atrás como piezas de un telar. El movimiento era rápido, pero podía seguirlo perfectamente si me concentraba lo suficiente. Intenté explicárselo a Joe, pero éste sólo me miró con expresión confundida y borrosa. Los dos nos echamos a reír. Pete, mientras tanto, estudiaba detenidamente una fotografía de las cataratas del Niágara colgada en la pared.

Terminamos quedándonos allí hasta casi las cinco de la tarde, y al marcharnos, yo estaba absolutamente colocado. Pete compró a Jerry treinta gramos de hierba y emprendimos la marcha hacia Schoodic. Jerry salió a la puerta del piso para despedirnos y me gritó que volviera a visitarle con alguno de mis discos.

Fueron los únicos momentos realmente agradables que recuerdo.

El trayecto hasta la costa fue bastante largo. Los tres estábamos todavía bastante colocados, y aunque Pete no tenía problemas para conducir, ninguno de nosotros parecía capaz de abrir la boca sin que le entrara la risa. También recuerdo que pregunté a Pete qué tal era Dana Collette, la organizadora de la fiesta, y él se limitó a mirarme de soslayo con aire socarrón. Eso me hizo reír hasta que pensé que iba a estallarme el estómago. Todavía tenía la cabeza llena de música bluegrass.

Pete había estado en otra fiesta celebrada en el lugar durante la primavera. La casa se hallaba al final de un estrecho sendero de tierra que se iniciaba junto a un letrero donde se leía CAMINO PARTICULAR. Se podía oír el retumbar de la música desde casi medio kilómetro. Se habían reunido allí tantos coches que hubimos de aparcar y echar a andar desde casi esa distancia.

Empecé a sentirme inseguro de mí mismo y cohibido (en parte debido a la hierba que había fumado y, en parte, a mi propio carácter); me preocupaba lo joven y estúpido que parecería probablemente a todo aquel grupo de universitarios. Jerry Moeller tenía que ser un bicho raro en comparación con la mayoría. Decidí quedarme cerca de Joe y mantener la boca cerrada en todo momento.

Según fueron las cosas, pude haberme ahorrado tanta preocupación. La casa estaba abarrotada por lo que me pareció un millón de personas, todas ellas borrachas, drogadas o ambas cosas a la vez. El aroma a marihuana flotaba en el aire como una niebla espesa, acompañado del vino y de un guirigay de conversaciones, risas y música de rock and roll. Del techo colgaban dos luces, una roja y otra azul, que completaban la primera impresión que me había producido el lugar: la de una casa de la risa en un parque de atracciones.

Scragg nos saludó agitando la mano desde el otro extremo del salón.

—¡Pete! —exclamó una voz casi junto a mi oído.

Di un respingo y estuve a punto de morderme la lengua.

Era una chica bajita, casi bonita, de cabello rubio muy claro, que llevaba el vestido más corto que yo había visto nunca; era de un color anaranjado fluorescente, y casi parecía tener vida propia bajo la extraña iluminación.

—¡Hola, Dana! —gritó Pete por encima del ruido—. Éste es mi hermano, Joe, y uno de sus compañeros, Charlie Decker.

La chica nos saludó a ambos.

—¿No es una fiesta estupenda? —me preguntó.

Cuando se movía, el borde del vestido iba de un lado a otro enseñando el remate de encaje de sus braguitas.

Respondí que, en efecto, era una fiesta magnífica.

—¿Has traído algo bueno, Pete?

Pete sonrió y le mostró la bolsa de hierba. A Dana le brillaron los ojos. Estaba de pie junto a mí con la cadera apoyada despreocupadamente contra la mía. Noté el contacto de su muslo derecho. Empecé a ponerme más caliente que un alce macho.

—Venid por aquí —dijo Dana.

Encontramos un rincón relativamente desocupado detrás de uno de los altavoces y Dana sacó una enorme pipa de agua adornada con arabescos de una estantería baja, llena de libros de Hesse y Tolkien y de ejemplares del Reader's Digest. Estos últimos, imaginé, pertenecían a sus padres. Nos sentamos a fumar. La hierba pasaba mucho mejor en la pipa de agua y así pude retener el humo más fácilmente. Empecé a sentirme muy colocado. Notaba la cabeza llena de helio. La gente entraba y salía. Hubo numerosas presentaciones, nombres y caras que olvidé rápidamente. Lo que más me gustó de esas presentaciones fue que, cada vez que se acercaba algún elemento, Dana se levantaba junto a mí para agarrarle antes de que se alejara. Al hacerlo, quedaba directamente frente a mi vista aquella Morada Celestial apenas cubierta por el levísimo velo de sus braguitas de nailon azules. La gente se cambiaba discos. Yo les observé ir y venir (algunos de los presentes parecían estar hablando, indudablemente, de Miguel Ángel, Ted Kennedy o Kurt Vonnegut). Una mujer me preguntó si había leído *Violador de mujeres*, de Susan Brownmiller. Le dije que no y ella me informó que era muy fuerte. Cruzó los dedos delante de los ojos para mostrarme lo fuerte que era el libro, y luego se alejó. Contemplé el cartel fluorescente de la pared de enfrente, que mostraba a un tipo con una camiseta de manga corta sentado frente a un televisor. Al tipo le resbalaban lentamente los globos oculares por las mejillas, y en su boca había una gran sonrisa. Bajo el dibujo, en el cartel se leía una frase: ¡MIIIERDA! ¡VIERNES POR LA NOCHE Y OTRA VEZ COLOCADO!

Observé a Dana que cruzaba y descruzaba las piernas una y otra vez. Del remate de encaje de sus braguitas sobresalían ahora algunos pelos de vello púbico, nueve tonos más oscuros que su cabello. Creo que jamás he estado tan caliente como entonces, y dudo que vuelva a estarlo en el futuro. Tenía un órgano que me parecía lo bastante grande y lo bastante largo como para saltar a pértiga con él. Empecé a preguntarme si el órgano sexual masculino podía estallar.

Dana se volvió hacia mí y, de pronto, me susurró al oído. El estómago se me calentó veinte grados al instante, como si acabara de engullir una enchilada. Un momento antes, la chica había estado hablando con Pete y con un tipo al cual no recordaba que me hubieran presentado. Después, allí estaba susurrándome al oído, con su aliento cosquilleándome en el oscuro canal auditivo.

—Sal por la puerta de atrás —me dijo—. Allí.

Señaló la puerta. Resultaba difícil entender lo que me decía, de modo que me limité a seguir la dirección que indicaba su dedo. Sí, allí estaba la puerta. Una puerta real, sólida, palpable. Había en ella un picaporte enorme. Solté una risita, convencido de que acababa de tener un pensamiento absolutamente ocurrente. Dana se rió ligeramente junto a mi oído y dijo:

—Te has pasado la noche mirándome el vestido. ¿Qué significa eso?

Y antes de que yo pudiera responder, me dio un suave beso en la mejilla y un ligero empujón para que me pusiera en marcha hacia la puerta.

Busqué a Joe con la mirada, pero no le vi por ninguna parte. Lo siento, Joe. Me puse en pie y oí crujir mis rodillas. Tenía las piernas dormidas de haber estado tanto rato sentado en la misma posición. Tuve el impulso de cruzar el salón de puntillas. Tuve el impulso de soltar una estentórea carcajada y anunciar al público en general que Charles Everett Decker creía sinceramente que estaba a punto de echar un polvo; que —por hacer un mal juego de palabras— Charles Everett Decker estaba a punto de romper el velo de su virginidad.

Pero no hice ninguna de esas cosas.

Y salí por la puerta de atrás.

Estaba tan colocado y tan caliente que por poco caigo desde casi diez metros de altura sobre la fina arena blanca de la playa situada bajo la casa. La parte trasera de ésta quedaba colgada sobre un escarpado promontorio a cuyo pie se abría una pequeña cala que parecía sacada de una postal. Un tramo de escalones erosionados por el aire y el agua conducía hasta la cala. Avancé con cuidado, agarrado al pasamanos. Notaba mis pies a mil kilómetros de distancia. Desde allí, la música sonaba distante y se confundía con el rítmico batir de las olas hasta quedar casi cubierta por éste.

Había una luna como una fina raja de melón y corría una levísima brisa. El paisaje tenía una helada belleza tal que, por un instante, pensé que me había colado en alguna postal en blanco y negro. La casa, arriba y a mi espalda, era apenas una borrosa silueta. Los árboles escalaban el promontorio a ambos lados de los peldaños; pinos y abetos se agarraban a las grietas entre la roca desnuda de las dos puntas de tierra que cerraban la playa en forma de media luna, donde las olas besaban suavemente la arena. Delante de mí aparecía el Atlántico, tachonado por una red vacilante de luces, reflejo de la luna. Mar adentro, hacia la izquierda, aprecié el leve bulto de una isla y me pregunté quién andaría por ella de noche, además del viento. Era un pensamiento solitario que me produjo un ligero escalofrío.

Me descalcé y la esperé.

No sé cuánto tardó en llegar. No llevaba reloj y estaba demasiado colocado para calcularlo, en cualquier caso. Pero un rato después, empezó a invadirme la inquietud. Era algo que tenía que ver con la sombra de los árboles sobre la arena húmeda y compacta, y con el sonido del viento. Quizá era el propio océano, enorme, malévolo, lleno de formas de vida invisibles y cubierto por aquellos leves destellos luminosos. Quizá no era ninguna de tales cosas, o quizá todas ellas y más. Fuera como fuese, cuando Dana me puso la mano en el hombro, la erección había desaparecido por completo. Era como si Wyatt Earp se internara en OK Corral sin su pistola seistiros.

La chica me hizo volverme hacia ella, se puso de puntillas y me besó. Noté el calor de sus muslos, pero ahora no significaban nada especial para mí.

—Te he visto mirarme —fue lo que dijo—. ¿Eres buen chico? ¿Sabrás serlo?

—Lo intentaré —respondí, sintiéndome un poco absurdo.

Le acaricié los pechos y ella me abrazó con fuerza. Sin embargo, la erección seguía ausente.

—No le digas nada a Pete —susurró, tomándome la mano—. Me mataría. Él y yo estamos… algo liados.

Me llevó bajo los escalones, donde la hierba estaba fresca y cubierta de aromáticas hojas de pino. La sombra de los peldaños formaba una especie de fría persiana veneciana sobre su cuerpo cuando se quitó el vestido.

—Es una locura —susurró, y su voz sonaba excitada.

Pronto estuvimos los dos rodando por el suelo y yo no llevaba ya mi camisa. Ella se ocupaba de la bragueta abierta de mis pantalones, pero mi pájaro parecía haberse tomado el descanso para el desayuno. Dana me acarició, deslizó su mano bajo mis calzoncillos y los músculos de esa zona saltaron…, no de placer o de repulsión, sino con una extraña especie de terror. Notaba su mano como si fuera de goma, fría, impersonal y aséptica.

164

—Vamos —susurró—. Vamos, vamos, vamos...

Intenté pensar en algo excitante, en cualquier cosa. En cuando le miraba las piernas a Darleen Andreissen en la sala de estudio y ella se daba cuenta y me dejaba. En la baraja de cartas porno de Maynard Quinn. Pensé en Sandy Cross en ropa interior negra, muy erótica, y eso empezó a mover algo por allá abajo..., y entonces, de entre todas las cosas que se agolpaban en mi imaginación, vi a mi padre con su machete de caza, hablando sobre la solución nasal de los cherokees.

[«¿Sobre qué?», preguntó Corky Herald. Le expliqué cuál era la solución nasal de los cherokees. «¡Oh!», dijo Corky. Continué mi relato.]

Aquello fue definitivo. Todo se detuvo y el pájaro se me arrugó de nuevo rotundamente. Desde ese instante, no hubo nada que hacer. Nada de nada. Mis tejanos habían ido a hacer compañía a mi camisa. Mis calzoncillos estaban bajados entre los tobillos. Dana se estremecía debajo de mí, podía sentirla allí como la cuerda tensa de un instrumento musical. Me llevé la mano a la entrepierna y me agarré el pene y tiré de él como preguntándole qué estaba sucediendo. Pero el señor Pene no decía nada. Dejé correr la mano por la cálida conjunción de sus muslos. Palpé su vello púbico, un poco crespo, sorprendentemente parecido al mío. Introduje en ella un dedo explorando, pensando: Éste es el lugar. Éste es el punto sobre el cual hacen broma los hombres como mi padre cuando salen de caza o cuando están en la barbería. Los hombres matan por esto. Lo abren a la fuerza. Lo roban o lo fuerzan. Lo toman... o lo dejan.

—¿Dónde está? —susurró Dana en voz alta, jadeante—. ¿Dónde está? ¿Dónde...?

De modo que lo intenté, pero era como el viejo chiste del tipo que intentaba meter fruta confitada en la hucha. Nada. Y mientras, llegaba a mí el permanente sonido suave del océano batiendo sobre la playa, como la banda sonora de una película sentimental.

Entonces, me aparté a un lado.

—Lo siento.

Mi voz sonó sorprendentemente alta, estridente.

Oí suspirar a Dana. Un sonido breve e irritado.

—Está bien —asintió—. A veces sucede.

—A mí no —dije, como si fuera la primera vez en varios miles de encuentros sexuales que no me funcionaba correctamente el equipo.

Al fondo, me llegó la confusa voz de Mick Jagger y los Stones gritando *Hot Stuff*. Una de esas ironías de la vida. Seguía sintiéndome fatal, pero era un sentimiento frío, sin profundidad. La fría certidumbre de que era un afeminado me invadió como una marea. En alguna parte había leído que no se precisa haber tenido ninguna experiencia homosexual auténtica para ser un afeminado. Uno podía serlo sin tener conciencia de ello hasta que el marica oculto en el armario saltaba sobre uno igual que la madre de Norman Bates en *Psicosis*, una figura grotesca pavoneándose y contorneándose con el maquillaje y los zapatos de tacón de mamá.

—No importa —insistió ella—. Pete...

—Escucha, lo siento...

Ella me dedicó una sonrisa, pero me pareció un gesto artificial. Desde entonces me he preguntado si lo era o no. Me gustaría creer que fue una sonrisa auténtica.

—Es la hierba. Has fumado demasiado. Estoy segura de que eres un amante maravilloso cuando estás bien.

—Follemos —le dije, y me estremecí ante el sonido ronco, muerto, de mi voz.

—No —dijo Dana, al tiempo que se sentaba—. Yo me vuelvo a la casa. Espera un poco antes de subir.

Quise decirle que esperara, que me dejara probar otra vez, pero sabía que no podría aunque todos los mares se secaran y aunque la luna se volviera óxido de cinc. Dana se subió la cremallera del vestido y desapareció, dejándome allí, bajo los escalones. La luna me observaba atentamente, quizá para ver si me ponía a llorar. Pero no lo hice. Al cabo de un rato, terminé de colocarme bien la ropa y limpié de ella la mayor parte de las hojas del otoño anterior que se habían adherido a mi camisa. Luego regresé escalera arriba. Pete y Dana habían desaparecido. Joe estaba en un rincón, liado con una chica realmente despampanante que tenía sus manos puestas sobre los rubios cabellos de Joe. Me senté a esperar a que la fiesta terminara. Finalmente, llegó ese momento.

Cuando los tres emprendimos el regreso hacia Bangor, el amanecer había sacado ya la mayor parte de sus trucos de la bolsa y un arco de sol encarnado asomaba sobre nosotros por entre las chimeneas de la hermosa fábrica de cerveza del centro de la ciudad. Ninguno de los tres teníamos mucho que decir. Yo me sentía cansado y malhumorado, incapaz de calibrar cuánto daño había sufrido esa noche. Tenía la penosa sensación de que era más del que realmente necesitaba.

Subí la escalera del apartamento y me derrumbé sobre el sofácama del salón. Lo último que vi antes de dormirme fueron los rayos del sol que se colaban por entre las persianas venecianas hasta posarse en la pequeña alfombra situada junto al radiador.

Soñé con la Cosa Que Crujía. Era casi lo mismo que cuando era pequeño. Yo, en mi cama; las sombras móviles del árbol del jardín sobre las paredes y el techo; el sonido uniforme y siniestro. Sólo que, en esta ocasión, el ruido seguía acercándose más y más, hasta que la puerta del dormitorio se abrió de golpe con un terrible chirrido, como el ruido de la muerte.

Era mi padre. Llevaba en brazos a mi madre. Ésta tenía la nariz hendida, abierta en dos, y la sangre bajaba por sus mejillas como pinturas de guerra.

—¿La quieres? —decía mi padre—. Ven y tómala, inútil. Ven y tómala.

Luego la arrojó sobre la cama junto a mí y vi que estaba muerta. Fue entonces cuando desperté gritando. Y con una erección.

27

Después de esto, nadie tuvo nada que decir, ni siquiera Susan Brooks. Me sentía cansado. No parecía quedar gran cosa que hablar. La mayoría de los chicos y chicas tenían de nuevo la mirada vuelta hacia el exterior, pero no había nada que ver que no hubiera estado allí una hora antes; en realidad, había menos que ver, ya que los peatones curiosos habían sido alejados de la zona. Llegué a la conclusión de que la historia sexual de Sandra había sido mejor que la mía. En la suya había habido un orgasmo.

Ted Jones me miraba con su habitual ardor intenso (aunque ahora creí adivinar que la repulsión había cedido paso por completo a un odio radical, lo cual resultaba ligeramente satisfactorio). Sandra Cross seguía ausente en su propio mundo. Pat Fitzgerald se dedicaba a doblar meticulosamente una hoja de papel de ejercicios de matemáticas, dándole la forma de un avión aerodinámicamente defectuoso.

De repente, Irma Bates declaró, desafiante:

—¡Tengo que ir al baño!

Suspiré. El ruido del suspiro me recordó en gran manera al de Dana Collette aquella noche en Schoodic Point, bajo los escalones.

—Ve, pues.

Irma me observó con incredulidad. Ted parpadeó. Don Lordi soltó una risita por lo bajo.

—Me matarías si lo hiciera.

La miré fijamente y pregunté:

—¿Necesitas ir al baño o no?

—Puedo aguantarme —afirmó ella, malhumorada.

Hinché los carrillos como hace mi padre cuando está molesto.

—Escucha, Irma: vete al baño o deja de bailar en tu pupitre. No nos hace falta un charco de orina bajo tu asiento.

Corky soltó una carcajada ante mis palabras. Sarah Pasterne alzó la mirada, sorprendida.

Como si quisiera con ello fastidiarme, Irma se puso en pie y avanzó con paso firme y enérgico hacia la puerta. Al menos, yo había ganado en un punto: Ted la miraba ahora a ella, en lugar de a mí. Cuando Irma llegó a la puerta, se detuvo con aire dubitativo y puso la mano en el picaporte. Tenía el aspecto de la persona a quien ha pasado la corriente mientras ajustaba la antena del televisor y duda entre volver a intentarlo o no.

—¿No me vas a disparar?

—¿Sales al baño o no? —insistí.

No estaba seguro de si iba a disparar contra ella o no. Todavía estaba molesto (¿o celoso?) por el hecho de que la historia de Sandra pareciera tener mucho más atractivo que la mía. En cierto modo que me era imposible precisar, ellos habían ganado la última mano de la partida. Tuve la loca sensación de que, en lugar de retenerles yo a ellos, la situación era la contraria. Salvo en lo que se refería a Ted, naturalmente. Todos nosotros reteníamos a Ted como rehén.

Quizá sí dispararía contra Irma. Desde luego, no tenía nada que perder. Acaso incluso sería conveniente. Quizá con ello me libraría de la desquiciada sensación de haber despertado en mitad de un nuevo sueño.

Irma abrió la puerta y salió. Yo no levanté la pistola del cuaderno de apuntes situado sobre el escritorio. La puerta del aula volvió a cerrarse. Escuchamos los pasos de Irma avanzando por el vestíbulo, sin apresurarse, sin romper a correr. Toda la clase tenía los ojos fijos en la puerta, como si algo completamente increíble hubiera asomado su cabeza por ella, hubiera hecho un guiño y hubiese desaparecido nuevamente.

En lo que a mí respecta, tuve una extraña sensación de alivio; una sensación tan difusa que jamás he podido explicarla.

Los pasos se alejaron hasta hacerse inaudibles.

Silencio. Esperé a que algún otro pidiera ir al baño. Esperé ver salir corriendo a Irma Bates por la puerta principal de la escuela y lanzarse de cabeza hacia la primera página de un centenar de periódicos. Pero no sucedió ninguna de ambas cosas.

Pat Fitzgerald sopló sobre las alas de su avión de papel para ver cómo vibraban. El sonido resultó perfectamente audible en toda la clase.

—Deja ya ese maldito juguete —exclamó Billy Sawyer con voz irritada—. No se debe hacer aviones de papel con las hojas de la sala de estudio.

Pat no hizo el menor gesto de lanzar el maldito avión. Billy no añadió ningún comentario más.

De nuevo se oyeron unos pasos, esta vez acercándose al aula.

Levanté la pistola y apunté con ella hacia la puerta. Ted me sonreía, pero no creo que se diera cuenta de ello. Observé su rostro; estudié las finas líneas de sus mejillas, de una belleza convencional; me fijé en su frente, tras la cual quedaban contenidos tantos recuerdos de los días estivales en el club de campo, de los bailes, de los coches y de los pechos de Sandy; aprecié su calma, su sentido de lo que era o no correcto, de lo que era o no justo. Y entonces, de pronto, comprendí cuál era el meollo del asunto en que estábamos metidos. Quizá era aquél el único asunto que había estado en juego durante toda la mañana. Y algo todavía más importante: supe que aquella mirada suya era la mirada del halcón, y que su mano era de piedra. Aquel chico podía haber sido mi padre, pero no importaba. Tanto éste como Ted eran personas remotas y olímpicas: verdaderos dioses. Pero mis brazos estaban demasiado cansados para derribar templos. Yo nunca había sido modelado para ser un Sansón.

Sus ojos eran francos, directos, temiblemente decididos; eran ojos de político.

Cinco minutos antes, el sonido de los pasos no habría sido una mala señal, ¿entendéis? Cinco minutos antes, los habría acogido con alivio, habría dejado la pistola sobre el cuaderno del escritorio y habría salido a su encuentro, quizá con una mirada temerosa a la clase que dejaba detrás de mí. En cambio, ahora eran los propios pasos lo que me asustaba. Temía que Philbrick hubiera decidido aceptar mi ofrecimiento, que hubiera venido a cerrar la línea principal y dejara inconcluso nuestro asunto.

Ted Jones mostraba una sonrisa de voracidad.

Todos los demás aguardamos con la mirada fija en la puerta. Los dedos de Pat se habían quedado inmóviles en el avión de papel. Dick Keene miraba con la boca abierta, y en aquel instante aprecié en él por primera vez el parecido familiar con su hermano Flapper, un caso de CI justo en el límite inferior de la normalidad que había conseguido terminar los cursos en Placerville después de seis largos años. Flapper se encontraba ahora haciendo los cursos de posgraduado en la prisión estatal de Thomaston, a punto de licenciarse en mantenimiento de lavandería y en estudios superiores de afilador de cucharas.

Una sombra informe se dibujó en el cristal, difusa e inconcreta tras la superficie rugosa y translúcida. Mantuve la pistola en alto y me apresté a disparar. Podía ver al resto de la clase por el rabillo del ojo derecho; todos me observaban absortos, fascinados, como se devora con la mirada el último rollo de las películas de James Bond, donde el número de muertos aumenta de verdad.

Un sonido sofocado, una especie de gimoteo, surgió de mi garganta.

Se abrió la puerta y entró Irma Bates. Lanzó una mirada malhumorada a su alrededor, molesta de encontrar a todo el mundo observándola. George Yannick soltó una risita y murmuró:

—¿Adivina quién viene a cenar?

No hizo reír a nadie; era un chiste privado de George. Los demás continuaron mirando fijamente a Irma.

—¿Qué narices estáis mirando? —dijo ella, enfadada, con la mano todavía en el picaporte—. A veces, la gente necesita ir al baño, ¿no?

Cerró la puerta, avanzó hasta su asiento y lo ocupó con gesto recatado.

Era casi mediodía.

28

Frank Philbrick fue puntual. *Clic*, y empezó a hablar por el intercomunicador. No parecía, sin embargo, jadear tanto como antes. Quizá quería mantenerme apaciguado. O quizá había pensado en mi consejo al respecto y había decidido hacerme caso. Cosas más raras se han visto. Quién sabe.

—¿Decker?

—Aquí estoy.

—Escucha, ese disparo perdido que penetró antes por la ventana no fue intencionado. Uno de los agentes de Lewiston...

—No nos molestemos por esos detalles, Frank —le interrumpí—. Me has avergonzado a mí y has avergonzado a todos los presentes aquí dentro, que han visto muy bien lo sucedido. Si tienes un mínimo de integridad, y estoy seguro de que así es, también tú estarás avergonzado de ello.

Una pausa. Quizá el policía estaba recobrando la calma.

—Está bien. ¿Qué quieres?

—No mucho. Todo el mundo saldrá de aquí a la una en punto. Dentro de exactamente... —Eché un vistazo al reloj de la pared—. Dentro de cincuenta y siete minutos según el reloj de aquí dentro. Saldrán sin un rasguño, lo garantizo.

—¿Por qué no ahora mismo?

Observé a mis compañeros. La atmósfera era pesada y casi solemne, como si entre nosotros se hubiera firmado un pacto sobre la sangre de alguien.

—Tenemos un último asunto que tratar aquí dentro —dije cuidadosamente—. Hemos de terminar lo que hemos empezado.

—¿Qué significa eso?

172

—No te interesa, pero aquí todos sabemos de qué se trata.

No hubo un solo par de ojos que expresara incertidumbre. Todos entendían muy bien a qué me había referido y eso era magnífico, pues nos ahorraría tiempo y esfuerzo. Me sentía muy cansado.

—Ahora, Philbrick, escucha atentamente para que no haya malentendidos. Voy a explicarte el último acto de esta pequeña comedia. Dentro de tres minutos, alguien va a cerrar todas las persianas del aula.

—No harás eso, Decker —exclamó el policía.

Su voz sonaba muy dura y seca.

Dejé salir el aire entre los labios con un silbido. Qué hombre más sorprendente. No era extraño que le hubieran encargado aquellos anuncios sobre la seguridad en la conducción.

—¿Cuándo terminarás de meterte en la cabeza que aquí mando yo? —le repliqué—. Alguien se ocupará de cerrar las persianas, y no seré yo, Philbrick, de modo que si disparáis a quien lo haga, ya puedes colgarte la chapa en el culo y despedirte de ambos.

Ninguna respuesta.

—Quien calla otorga —añadí, tratando de parecer contento. Pero no lo estaba—. Tampoco yo podré ver lo que estáis haciendo, pero no pretendas pasarte de listo. Si lo haces, algunos de los aquí presentes lo pagarán. Si todo el mundo espera tranquilamente a que llegue la una, el asunto terminará satisfactoriamente y tú seguirás siendo el valiente policía que todo el mundo sabe que eres. ¿Qué me respondes?

Una nueva pausa, esta vez muy larga.

—¡Que me cuelguen si no estás loco! —dijo finalmente.

—¿Qué me respondes?

—¿Cómo sé yo que no vas a cambiar de idea, Decker? ¿Y si luego quieres esperar hasta las dos? ¿O hasta las tres?

—¿Qué me respondes? —insistí, inexorable.

Una nueva pausa.

—Está bien. Pero si haces daño a alguno de esos chicos...

—Ya sé, me quitarás el carnet de estudiante. A la mierda, Frank.

Le imaginé intentando encontrar algo fuerte, rotundo y ocurrente que decir, algo que resumiera su posición para la posteridad, algo como «jódete, Decker», o «a tomar por el culo, Decker», pero no se atrevió a soltarlo. Después de todo, allí dentro había niñas que no debían oír semejantes cosas.

—A la una —repitió finalmente.

El intercomunicador quedó desconectado de nuevo. Un momento después, apareció por la puerta principal y recorrió el césped hasta su posición tras los coches.

—¿Qué asquerosas fantasías masturbatorias tienes ahora en la cabeza, Charlie? —preguntó Ted, sonriendo todavía.

—¿Por qué no te quedas calladito, Ted? —intervino Harmon Jackson, en tono distante.

—¿Algún voluntario para cerrar las persianas? —pregunté yo. Varias manos se alzaron. Señalé a Melvin Thomas y añadí—: Hazlo lentamente. Es probable que estén nerviosos ahí fuera.

Melvin lo hizo lentamente. Con las persianas bajadas hasta el alféizar, el aula quedó sumida en la semioscuridad difusa. Unas sombras sin contorno definido se adueñaron de los rincones, como murciélagos que no hubieran comido lo suficiente. El ambiente no me gustó. Las sombras me hacían sentir muy nervioso.

Señalé a Tanis Gamon, cuyo pupitre estaba en la fila más próxima a la puerta.

—¿Nos harás el favor de encender las luces, Tanis? —le dije.

Ella me dedicó una tímida sonrisa y se dirigió hacia los interruptores. Un momento después, se encendieron los fríos fluorescentes, que no eran mucho mejor que las sombras. Añoré el sol y la visión del cielo azul, pero no dije nada. No había nada que decir. Tanis regresó a su pupitre y se alisó cuidadosamente la falda por detrás de los muslos al tiempo que se sentaba.

—Utilizando la oportuna frase de Ted —dije entonces—, sólo queda una fantasía masturbatoria antes de volver al asunto central. O, si lo preferís así, podemos decir que nos quedan dos mitades de un todo. Se trata de la historia del señor Carlson, nuestro último profesor de física y química; esa historia que el viejo Tom Denver logró ocultar a los periódicos pero que, como suele decirse, permanece en nuestros corazones.

174

»Y se trata también de lo que sucedió entre mi padre y yo cuando fui castigado con la suspensión de asistencia a clases.

Observé a la clase mientras se apoderaba de mí un dolor sordo y espantoso en la nuca. En algún momento, todo el asunto había escapado de mis manos. Me acordé de Mickey Mouse haciendo de aprendiz de brujo en la vieja película de Disney, *Fantasía*. Yo había dado vida a todas las escobas, pero ¿dónde estaba ahora el viejo mago amable que sabría decir abracadabra al revés y volvería a detenerlas?

Estúpido, estúpido.

Se arremolinaron ante mis ojos innumerables imágenes, cientos de ellas, fragmentos de sueños y fragmentos de realidad. Era imposible separar unos de otros. La locura empieza cuando uno no puede ver ya las suturas que mantienen unido el mundo. Por un instante, creí que todavía existía la posibilidad de despertarme en cualquier momento en mi cama, sano y salvo y aún —al menos— medio cuerdo, sin haber dado (o al menos, todavía no) el paso irrevocable, con todos los personajes de aquella especial pesadilla retirándose a sus cavernas en mi subconsciente. Sin embargo, no habría apostado gran cosa a que así fuera.

La manos morenas de Pat Fitzgerald manoseaban su avión de papel con los dedos móviles y tristes de la propia muerte.

Entonces empecé a hablar.

29

No hubo ninguna razón especial para que trajera la llave inglesa a la escuela.

Ahora, incluso después de todo esto, no sabría precisar la razón más importante. El estómago me dolía siempre, y solía imaginar que la gente quería pelearse conmigo, incluso cuando no era así. Tenía miedo de caer desmayado durante los ejercicios de educación física y, al recobrar el sentido, encontrarme a todo el mundo formando un círculo a mi alrededor, riéndose y señalándome..., o masturbándose en corro encima de mí. No dormía muy bien por las noches. Había tenido poco tiempo antes una serie de sueños condenadamente extraños y estaba asustado porque bastantes de ellos eran sueños húmedos, pero no del estilo que se supone que deben ser para que uno despierte con las sábanas manchadas. En uno de ellos, yo caminaba por el sótano de un viejo castillo que parecía sacado de una película de la Universal. Había un ataúd con la tapa levantada y, cuando miraba en su interior, veía a mi padre con las manos cruzadas sobre el pecho. Iba perfectamente vestido con su uniforme de media gala de la Marina y tenía una estaca clavada en el escroto. Entonces abría los ojos y me miraba. Sus dientes eran colmillos. En otro sueño, mi madre me estaba poniendo una lavativa y yo le suplicaba que se diera prisa porque Joe estaba fuera esperándome. Pero Joe estaba allí, mirando por encima del hombro de mamá, y tenía las manos puestas en sus pechos mientras ella manipulaba el pequeño bulbo de goma roja que bombeaba jabonaduras en mi ano. Había otros, una serie interminable de ellos, pero no quiero explicarlos aquí. Eran típicos sueños estilo Napoleón XIV.

Encontré la llave inglesa en el garaje, en una vieja caja de herramientas. No era muy grande, pero tenía un mango oxidado muy adecuado a mi mano, y un peso que parecía el justo para la fuerza de mi muñeca. Cuando la descubrí era invierno, y yo solía llevar cada día a la escuela un gran jersey muy holgado. Una tía mía me envía dos de esos jerseys cada año, uno por Navidad y otro por mi cumpleaños. Los hace ella y siempre me caen por debajo de las caderas. Así pues, empecé a llevar permanentemente la llave inglesa en el bolsillo trasero del pantalón. Iba a todas partes con ella. Si alguien se dio cuenta alguna vez, no dijo nada. Tener la llave en el bolsillo me ayudó a equilibrarme durante un tiempo, pero no mucho. Había días en que volvía a casa sintiéndome como una cuerda de guitarra tensada cinco octavas por encima de su posición adecuada. Esos días, decía hola a mamá y subía a mi habitación y me echaba a llorar o a reír descontroladamente sobre la almohada hasta que creía que todas mis tripas iban a reventar. Aquello me asustaba. Cuando uno hace cosas así, está a punto para el manicomio.

El día en que casi maté al señor Carlson fue el tres de marzo. Llovía y las últimas nieves desaparecían convertidas en sucios regatos de agua. Supongo que no debo entrar en muchos detalles sobre lo que sucedió, pues la mayoría de vosotros estabais allí y fuisteis testigos de ello. Yo llevaba la llave inglesa en el bolsillo de atrás del pantalón. Carlson me llamó a la pizarra para hacer un problema; siempre he odiado tener que hacerlo, porque soy muy malo en química. Cada vez que tenía que salir a esa pizarra me ponía a sudar como un loco.

Era algo sobre peso/esfuerzo en un plano inclinado, no recuerdo qué exactamente, pero me hice un completo lío. Recuerdo que pensé que Carlson tenía muy mala leche al hacerme salir de allí, delante de todos, para liarme con una tontería sobre planos inclinados que, en realidad, era un problema de física. Probablemente, se le había olvidado explicarlo en la última clase. Y entonces empezó a burlarse de mí. Me preguntó si sabía cuántos eran dos y dos, si había oído hablar alguna vez de la división con parciales, un invento maravilloso, dijo, ja, ja, vaya un cerebro tenemos aquí. Cuando me equivoqué por tercera vez, Carlson empezó: «Vaya, esto es magnífico, Charlie. Magnífico». Su voz me parecía idéntica a la de Dicky Cable. Tan idéntica que me di media vuelta rápidamente para ver si era él. Se le parecía tanto que, antes de darme cuenta de lo que estaba haciendo, me llevé la mano al bolsillo de atrás, donde tenía la llave inglesa. Tenía el estómago hecho un nudo, y pensé que iba a inclinarme allí mismo y dejar el suelo perdido con las galletas que había comido un rato antes.

Golpeé el bolsillo de atrás del pantalón con la mano y la llave inglesa cayó de él. Dio en el suelo y produjo un estruendo.

El señor Carlson volvió la vista hacia el objeto.

—Vaya, ¿qué es eso? —preguntó, al tiempo que iniciaba un movimiento para recogerla.

—No lo toque —dije yo.

Me agaché rápidamente y la recogí yo mismo.

—Déjame ver eso, Charlie —insistió, extendiendo la mano hacia mí.

Me sentí como si fuera en doce direcciones distintas a la vez. Una parte de mi mente estaba gritándome... Gritándome de verdad, chillando como un niño en un cuarto oscuro donde hubiera un montón de hombres del saco horribles, sonrientes.

—No —le dije.

Y todos me estaban mirando. Todos me miraban.

—Puedes dármelo a mí, o dárselo más tarde al señor Denver. Tú decides —dijo el señor Carlson.

Y entonces me sucedió algo muy curioso..., salvo que, cuando pienso en ello, no tenía nada de divertido. Debe de haber una línea en cada uno de nosotros, una línea muy clara, como la que divide el lado iluminado de un planeta del lado de sombras. Creo que llaman a esa línea el terminador. Es una palabra magnífica para definirlo. Porque en un instante estaba absolutamente excitado, y al instante siguiente estaba más frío que un témpano.

—Yo sí que te daré a ti, maldito —dije, e hice sonar la parte superior de la llave inglesa en la palma de mi mano—. ¿Dónde quieres que te la dé?

Carlson me miró con los labios apretados. Con esas gruesas gafas de caparazón de tortuga que llevaba, parecía una especie de insecto enorme. Un insecto muy estúpido. La idea me hizo sonreír. Volví a dar un golpe con el extremo de la llave inglesa en la palma de la mano.

—Está bien, Charlie —dijo él—. Dame eso y sube inmediatamente al despacho. Yo iré cuando termine la clase.

—¡Una mierda! —exclamé, y moví la llave hacia atrás.

El metal chocó contra la capa de encerado que cubría la pared e hizo saltar unos fragmentos de pizarra. El extremo de la llave quedó manchado de tiza amarilla, pero eso no pareció afectar al resultado del golpe. El señor Carlson, por su parte, dio un salto como si yo hubiese golpeado a su madre, y no aquel maldito encerado, aquella máquina de tortura. Fue toda una muestra de cuál era el carácter de Carlson, os lo aseguro. Por eso di otro golpe en el encerado. Y otro.

—¡Charlie!

—Es un placer… golpear tu carne… en el fango del Mississippi —me puse a cantar mientras descargaba golpes sobre el encerado siguiendo el compás.

A cada golpe que pegaba, el señor Carlson daba un brinco. Cada vez que el señor Carlson daba un brinco, yo me sentía un poco mejor. Análisis transaccional, amigo. Estúdialo. El Bombardero Loco, ese pobre desgraciado de Waterbury, Connecticut, debe de haber sido el norteamericano mejor adaptado del último cuarto de siglo.

—Charlie, me ocuparé de que te expul…

Me volví y empecé a golpear la bandeja de las tizas. Ya había hecho un buen agujero en el encerado; no resultaba una superficie demasiado dura, sobre todo cuando le tomabas la medida. Tizas y borradores cayeron al suelo levantando nubes de polvo. Yo estaba a punto de descubrir que le puedes tomar la medida a todo el mundo, si cuentas con un palo suficientemente grande, cuando el señor Carlson me agarró.

Me volví hacia él y le sacudí un golpe. Sólo uno. En seguida, manó mucha sangre. Cayó al suelo y las gafas de caparazón de tortuga saltaron de sus ojos y se deslizaron tres metros por el suelo. Creo que fue eso lo que rompió el hechizo: fue la visión de aquellas gafas deslizándose por el suelo cubierto de polvo de tiza, dejando su rostro desnudo y sin defensas, con el aspecto que debía

179

de tener mientras dormía. Dejé caer la llave inglesa y salí de la clase sin volver la mirada atrás. Subí a las oficinas y conté allí lo que acababa de suceder.

Jerry Kesserling me recogió en el coche patrulla y una ambulancia condujo al señor Carlson al Hospital de Maine, donde las radiografías mostraron que tenía una fractura justo en la parte superior del lóbulo frontal. Según me enteré, le tuvieron que sacar del cerebro cuatro astillas de hueso. Unas cuantas decenas de astillas más y podrían haberlas unido con cola de carpintero de manera que formaran la palabra IDIOTA, para regalárselas en su aniversario con mis mejores deseos.

Luego vinieron las charlas. Charlas con mi padre, con el pobre Tom Denver, con Don Grace y con todas las combinaciones y permutaciones posibles de los tres citados. Mantuve charlas con todo el mundo menos con el señor Fazio, el conserje. Durante todas ellas, mi padre mantuvo una calma admirable —mi madre se encontraba totalmente alterada y estaba en tratamiento con tranquilizantes— pero, de vez en cuando, durante esas civilizadas conversaciones, mi padre me dirigía una mirada helada, especulativa, que me hizo comprender que, al final, él y yo tendríamos nuestra propia conversación privada. Me habría matado con sus propias manos sin el menor remordimiento. En otra época menos complicada, estoy seguro de que lo hubiera hecho.

También hubo una conmovedora escena en la cual pedí disculpas a un señor Carlson envuelto en vendajes y con los ojos morados, y a su esposa, que me miraba con absoluto odio («yo…, trastornado…, no sabía lo que hacía…, lo siento más de lo que puedo expresar con palabras…»), pero nadie se disculpó conmigo por haber sido objeto de burlas delante de la clase de química mientras sudaba ante el encerado con todos aquellos números que parecían signos púnicos del siglo V. No hubo para mí disculpa alguna de Dicky Cable o de Dana Collette. Ni de la Amistosa Cosa Que Crujía, que mientras volvíamos a casa desde el hospital, me dijo entre unos labios apretados que quería verme en el garaje cuando me hubiera cambiado de ropa.

Pensé en esto último mientras me quitaba la chaqueta deportiva y mis mejores pantalones y me enfundaba unos tejanos y una vieja camisa de franela. Pensé en no ir, en largarme directamente a la carretera. Pensé en bajar al garaje y aceptar, sencillamente, lo que allí me aguardaba. Pero algo dentro de mí se rebeló ante tal posibilidad. Me habían expulsado temporalmente de la escuela. Me habían tenido cinco horas encerrado en la comisaría hasta que mi padre y mi histérica madre («¿Por qué lo has hecho, Charlie? ¿Por qué? ¿Por qué?») pagaron la fianza. Las acusaciones, por acuerdo conjunto de la escuela, la policía y el señor Carlson (no de su esposa, pues ésta había esperado que me condenarían a un mínimo de diez años), habían sido retiradas más tarde.

Fuera como fuese, pensé que mi padre y yo teníamos una deuda pendiente el uno con el otro. Por eso bajé al garaje.

Es un lugar húmedo y apesta a aceite, pero está perfectamente ordenado. Es el rincón favorito de mi padre y lo mantiene en perfecto orden de revista. Un lugar para cada cosa y cada cosa en su lugar. La segadora de césped a motor colocada limpiamente con la parte delantera contra la pared. Las herramientas de jardinería y ornamentación colgadas con sus correspondientes clavos. Las tapas de los botes clavadas de las vigas del techo para poder desenroscar los recipientes con los diferentes tipos de clavos teniéndolos a la altura de la vista. Las pilas de revistas atrasadas atadas con esmero con cordeles: *Argosy*, *Bluebook*, *True*, *Saturday Evening Post*. La furgoneta, aparcada en su lugar exacto, de cara a la salida.

Mi padre ya estaba allí, de pie, con sus pantalones caqui de tela cruzada descoloridos y una camisa de caza. Por primera vez, me di cuenta de lo viejo que empezaba a parecer. Siempre había tenido el vientre liso como una tabla, pero ahora empezaba a sobresalirle un poco. Demasiadas cervezas en el bar de Gogan. Parecía tener más venillas en la nariz, formando pequeñas deltas púrpura bajo la piel, y las arrugas en torno a su boca y sus ojos eran mucho más acusadas.

—¿Qué está haciendo tu madre? —me preguntó.

—Duerme —respondí.

Esos días, mamá dormía casi todo el tiempo, con la ayuda de una receta de Librium. Cuando tomaba tranquilizantes, su respiración era áspera y seca. Su aliento olía como a sueños rancios.

—Bien —dijo mi padre, asintiendo con la cabeza—. Es así como lo querías, ¿no?

Empezó a quitarse el cinturón.

—Ahora te voy a dar una buena paliza —añadió.

—No —repliqué—. No vas a hacerlo.

Se detuvo un instante con el cinturón a medio sacar.

—¿Qué?

—Si te acercas con eso en la mano, te lo voy a quitar —le advertí. La voz me temblaba al hablar—. Lo voy a hacer por esa vez que me arrojaste al suelo cuando era pequeño y luego le mentiste a mamá diciendo que me había tirado yo solo. Lo voy a hacer por cada vez que me cruzaste la cara de un bofetón por hacer algo mal, sin concederme una segunda oportunidad. Lo voy a hacer por ese viaje de caza cuando dijiste que le cortarías la nariz a mamá si la encontrabas con otro hombre.

Mi padre había palidecido. Ahora era su voz la que temblaba cuando dijo:

—¡Cobarde, mequetrefe! ¿Acaso crees que puedes echarme a mí las culpas de todo eso? ¡Ve y explícale esos cuentos si quieres a ese maricón de psiquiatra, al tipo de la pipa! ¡Pero no me vengas a mí con ésas!

—Apestas —insistí—. Has jodido tu matrimonio y has jodido también a tu único hijo. Ven e intenta pegarme si crees que puedes. Me han expulsado de la escuela. Tu esposa se está convirtiendo en adicta a las pastillas. Y tú no eres más que un bebedor empedernido. —Mi voz era ya un puro grito—. Ven aquí e inténtalo, imbécil de mierda.

—Será mejor que calles, Charlie —me amenazó—. Será mejor que lo hagas antes de que ya no quiera sólo castigarte y empiece a querer matarte.

—Adelante, inténtalo —repliqué, gritando todavía más—. Llevo trece años deseando acabar contigo. Te odio, cerdo.

Entonces vino por fin hacia mí como salido de una película de esclavos, con un extremo de su cinturón de la Marina enroscado a la muñeca y el otro, el de la hebilla, balanceándose en el aire. Lo lanzó contra mí y lo esquivé. Me dio en el hombro y la hebilla golpeó el techo de la furgoneta con un sonoro *clanc*, dejando una marca en la pintura. Le vi con la lengua apretada entre los dientes y con los ojos casi salidos de sus órbitas. Tenía el mismo aspecto que el día en que rompí las contraventanas. De pronto, me pregunté si sería aquél su aspecto cuando hacía el amor (o lo que pasaba por tal) con mi madre, si era aquello lo que ella contemplaba cuando estaba inmovilizada debajo de él. El pensamiento me dejó paralizado con un estallido de asco tal que me hizo olvidar protegerme del siguiente golpe.

La hebilla me recorrió el rostro de arriba abajo, desgarrándome la mejilla y abriendo en ella un largo y profundo surco. Sangraba a borbotones. Noté como si la mitad de la cara y el cuello hubieran recibido un baño de agua tibia.

—¡Oh, Señor! —exclamó—. ¡Oh, Señor, Charlie...!

Tenía el ojo de ese lado cerrado por las salpicaduras de la sangre, pero le vi venir hacia mí por el otro lado. Di un paso hacia adelante, agarré el extremo del cinturón y tiré de él. No lo esperaba y perdió el equilibrio; cuando quiso dar unos pasos apresurados para recuperarlo, le puse la zancadilla y cayó al suelo de cemento, manchado de grasa. Quizá él había olvidado que yo ya no tenía cuatro años, que ya no tenía nueve años ni estaba encogido en una tienda de campaña, con la necesidad imperiosa de salir a orinar mientras él soltaba aquellas risotadas con sus amigos. Quizá había olvidado, o no había sabido nunca, que los niños crecen recordando cada golpe y cada palabra burlona o desdeñosa, que los niños crecen y quieren devorar vivos a sus padres.

Un breve gemido áspero escapó de su boca cuando fue a dar contra el suelo. Abrió las manos para amortiguar el golpe, y al instante tuve en mis manos el cinturón. Lo doblé y lo descargué sobre su gran trasero caqui. Se oyó un sonoro latigazo que, probablemente, no le hizo mucho daño; sin embargo, soltó un grito de sorpresa y yo sonreí. Me dolió la mejilla al hacerlo. Realmente, me había destrozado aquel lado de la cara con su golpe.

Se puso en pie cautelosamente.

—Deja eso, Charlie —masculló—. Vamos a ver al médico para que te ponga unos puntos en esa herida.

—Será mejor que saludes a los Marines que pasen a tu lado, si tu propio hijo puede derribarte en una pelea —respondí.

Aquello le puso fuera de sí y se lanzó contra mí, y yo le cruzé la cara con el cinturón. Se llevó las manos al rostro. Dejé caer el cinturón y le golpeé con el puño en el estómago con toda la fuerza de que fui capaz. Soltó un profundo jadeo y se dobló hacia adelante. Tenía el vientre blando, más aún de lo que había imaginado. De pronto, no supe si sentir asco o pena. Me pasó por la cabeza la idea de que el hombre al que realmente quería hacer daño estaba perfectamente a salvo, fuera de mi alcance, protegido tras una coraza de años y años que jamás podría franquear.

Se incorporó de nuevo, pálido y mareado. Tenía una señal roja en la frente, en el lugar donde le había golpeado con el cinturón.

—Está bien —dijo, y dio media vuelta. Agarró un rastrillo de púas duras que colgaba de la pared—. Si es así como lo quieres...

También yo extendí la mano a un lado y así un hacha pequeña, sosteniéndola en alto con una mano.

—Es así como lo quiero —respondí—. Da un paso y te corto la cabeza, si puedo.

Y así nos quedamos, frente a frente, tratando de adivinar si hablábamos en serio. Luego, él dejó el rastrillo y yo hice lo mismo con el hacha. No hubo amor en el gesto, ni en la mirada que nos cruzamos. Él no me dijo: «Si hubieras tenido el valor de hacer algo así hace cinco años, nada de esto habría sucedido, hijo... Vamos, te llevaré al bar de Gogan y haré que te pongan una cerveza en la trastienda». Y yo no dije tampoco que lo lamentaba. Había sucedido porque yo ya era lo bastante fuerte, eso era todo. Lo sucedido minutos antes no cambiaba nada. Ahora, desearía haberle matado a él, si tenía que matar a alguien. Ese cuerpo tendido ahí, en el suelo, entre mis pies, es un caso clásico de desplazamiento de impulsos agresivos.

—Vamos —dijo—. A ver si te curan esa herida.

—Iré yo solo.

—No. Te llevaré yo.

Y así lo hizo. Acudimos al servicio de urgencias de Brunswick y el médico me puso seis puntos en la mejilla, y yo le conté que había tropezado con un tronco de leña y me había cortado con una reja para la chimenea que mi padre estaba limpiando. A mamá le contamos lo mismo. Y allí terminó todo. No hemos vuelto a discutir ni a hablar del tema. Jamás ha vuelto a decirme lo que debía o no hacer. Hemos seguido viviendo en la misma casa, pero hemos andado en grandes círculos el uno en torno al otro, como un par de gatos viejos. Si tuviera que apostar, diría que él estaría muy bien sin mí…, como dice la canción.

Durante la segunda semana de abril me enviaron de nuevo a la escuela con la advertencia de que mi caso seguía aún bajo estudio y que tendría que entrevistarme con el señor Grace diariamente. Se portaban como si estuvieran haciéndome un favor. ¡Un favor…! Era como si me hubieran arrojado otra vez al gabinete del doctor Caligari.

Esta vez, las cosas no tardaron tanto en empeorar. El modo en que la gente me miraba por los pasillos. Los comentarios que yo sabía que se hacían sobre mí en las salas de profesores. La manera en que nadie quería ni siquiera hablar conmigo, excepto Joe. Y además, yo no me mostraba muy colaborador con Grace.

Sí, chicos, las cosas se pusieron mal muy pronto, y han ido desde entonces de mal en peor. Sin embargo, siempre he sido bastante rápido para entender y no olvido muchas lecciones que he aprendido muy bien. Desde luego, me sé al dedillo la lección de que uno puede tomarle la medida a cualquiera si tiene un palo suficientemente grande. Mi padre agarró ese rastrillo con la intención, presumiblemente, de trepanarme el cráneo, pero cuando yo agarré el hacha, él se echó para atrás.

Nunca he vuelto a ver esa llave inglesa, pero tanto da. No he vuelto a necesitarla porque no era un palo lo bastante grande. Hace diez años que sabía de la pistola que mi padre tenía en su escritorio. A finales de abril, empecé a traerla a la escuela.

30

Eché un vistazo al reloj de la pared. Eran las 12.30. Expulsé todo el aire de mis pulmones mentales y me preparé para la recta final de mi carrera.

—Y así termina la saga, corta y brutal, de Charles Everett Decker —anuncié—. ¿Alguna pregunta?

En el aula, bajo la luz mortecina de los fluorescentes, Susan Brooks dijo en un susurro:

—Lo siento por ti, Charlie.

Fue la voz del fuego eterno.

Don Lordi me miraba con una voracidad que me recordó *Tiburón* por segunda vez en el día. Sylvia fumaba el último cigarrillo del paquete. Pat Fitzgerald se concentraba en su avión, haciendo cortes y dobleces en las alas de papel; su habitual expresión entre divertida y taimada había desaparecido de su rostro, sustituida por una mueca como tallada en madera. Sandra Cross parecía aún en un agradable aturdimiento. Incluso Ted Jones parecía tener la cabeza en otros asuntos, quizá en una puerta que había olvidado cerrar cuando tenía diez años, o en un perro al que una vez había dado un puntapié.

—Si eso es todo, llega ahora el momento de hacer las conclusiones finales de nuestra breve pero instructiva reunión —dije—. ¿Habéis aprendido algo hoy? ¿Quién sabría exponer las conclusiones finales? Veamos.

Les observé. Nada. Temía que no saldría, que no podría resultar. Todos ellos tan tensos, tan fríos. Cuando tienes cinco años y te haces daño, lo anuncias al mundo con un gran escándalo. A los diez, lloriqueas. Pero cuando cumples los quince empiezas a tragarte las manzanas envenenadas que crecen en tu propio árbol del dolor. Es el Camino Occidental al Conocimiento. Empiezas a meterte los puños en la boca para acallar los gritos. Sangras por dentro. Pero ellos habían llegado ya tan lejos...

Y entonces Pocilga levantó la vista de su lápiz. Sonreía, con una mueca furiosa, la sonrisa de un hurón. La mano levantada en el aire, los dedos agarrados todavía a su útil de escritura barato. *Be-bop-a-lula, she's my baby.*

Después, resultó más fácil para los demás. Un electrodo empieza a formar el arco y a chisporrotear y, ¡chan!, ¡mire, profesor, el monstruo ha salido de paseo esta noche!

Susan Brooks fue la siguiente en levantar la mano. Luego lo hicieron varios más: Sandra levantó la suya y Grace Stanner también, delicadamente; Irma Bates lo hizo con igual suavidad. Después fueron Corky, Don, Pat, Sarah Pasterne. Algunos sonreían levemente; la mayoría tenía una expresión solemne. Tanis. Nancy Caskin. Dick Keene y Mike Gavin, ambos famosos en la defensa de los Galgos de Placerville. George y Harmon, que jugaban al ajedrez juntos en la sala de estudios. Melvin Thomas. Anne Lasky. Al final, todos la habían levantado; todos, menos uno.

Escogí a Carol Granger porque creí que se merecía ese momento. Cualquiera habría pensado que ella sería quien más problemas tendría para hacer el cambio, para cruzar el terminador, por así decirlo, pero lo había hecho casi sin esfuerzo, como una niña que se cambiara de ropa entre los arbustos al caer el crepúsculo en la fiesta campestre de la clase.

—Carol —le pregunté—, ¿cuál es la respuesta?

Ella pensó cómo expresarlo con palabras. Se llevó un dedo al hoyuelo del mentón mientras lo hacía y apareció una arruga en su frente blancolechosa.

—Hemos de ayudar —dijo al fin—. Hemos de ayudar a mostrarle a Ted dónde se ha equivocado.

Consideré que era una manera muy elegante de exponerlo.

—Gracias, Carol.

Ella se ruborizó.

Observé a Ted, que había vuelto al aquí y ahora. Sus ojos brillaban de nuevo, pero de una manera bastante confusa.

—Creo que lo mejor será que me convierta en una especie de combinación de juez y fiscal —anunció—. Los demás seréis testigos; y por supuesto, tú serás el defensor, Ted.

Ted lanzó una carcajada incoherente.

—¡Oh, Señor! —exclamó—. ¡Charlie! ¿Quién te crees que eres? Estás más loco que un cencerro.

—¿Tienes algo que decir? —le pregunté.

—Conmigo no te valdrán trucos, Charlie. No voy a decir una maldita palabra. Me guardaré mi declaración para cuando estemos fuera de aquí. —Sus ojos barrieron al resto de la clase con aire acusador y desconfiado—. Y tendré mucho que contar.

—¿Sabes qué les pasa a los soplones? —dije, con una voz dura a lo James Cagney. Levanté de improviso la pistola, la apunté a su cabeza y grité—: ¡BANG!

Ted lanzó un chillido.

Anne Lasky rió alegremente.

—¡Cállate! —le gritó Ted.

—¡No me digas que me calle! —replicó ella—. ¿De qué tienes tanto miedo?

—¿De qué…?

Ted abrió la boca. Los ojos casi se le salían de las órbitas. En aquel momento, sentí una gran lástima por él. La Biblia dice que la serpiente tentó a Eva con la manzana. ¿Qué habría sucedido si la hubieran obligado a comérsela ella misma?

Ted se levantó a medias del asiento, temblando.

—¿De qué tengo…? ¿De qué tengo…? —Señaló con un dedo tembloroso a Anne, que no se encogió en absoluto—. ¡MALDITA GOLFA ESTÚPIDA! ¡CHARLIE TIENE UNA PISTOLA! ¡ESTÁ LOCO! ¡HA MATADO A DOS PERSONAS! ¡LAS HA MATADO! ¡Y NOS RETIENE AQUÍ COMO REHENES!

—A mí no —dijo Irma—. Yo habría podido salir.

—Hemos aprendido algunas cosas muy interesantes sobre nosotros mismos, Ted —intervino Susan con frialdad—. No creo que hayas sido de mucha utilidad, cerrándote en ti mismo e intentando hacerte el superior. ¿No comprendes que ésta podría ser la experiencia más significativa de nuestras vidas?

—Es un asesino —insistió Ted con voz tensa—. Ha matado a

188

dos personas. Esto no es la televisión. Esas personas no van a levantarse y a regresar a los camerinos a esperar la siguiente toma. Están muertas de verdad. Y él las ha matado.

—¡Asesino de almas! —siseó de pronto Pocilga.

—¿Adónde crees que vas? —preguntó Dick Keene—. Todo esto revuelve la mierda de tu estricta vidita, ¿no es cierto? No pensabas que nadie fuera a enterarse de que jodiste con Sandy, ¿verdad? O sobre lo de tu madre. ¿Has pensado alguna vez en hacerlo con ella? Te crees una especie de caballero blanco. Yo te diré lo que eres: un pajillero.

—¡Testigo! ¡Testigo! —gritó alegremente Grace, agitando la mano—. Ted Jones compra revistas de chicas desnudas. Le he visto hacerlo en el bazar de Ronnie.

—¡Niega eso, Ted! —dijo Harmon con una sonrisa perversa.

Ted se revolvió como un oso atado a un poste para diversión de los lugareños.

—¡Yo no me masturbo! —gritó.

—Ya —murmuró Corky, asqueado.

—Apuesto a que en la cama apestas —apuntó Sylvia. Luego miró a Sandra—. ¿Apesta en la cama?

—No lo hicimos en la cama —dijo Sandra—. Estábamos en un coche. Y todo terminó tan de prisa...

—Sí, es lo que me figuraba.

—Muy bien —intervino Ted. Se puso en pie. Sudaba—. Me voy de aquí. Estáis todos locos. Les contaré... —Se interrumpió y añadió, con una extraña y conmovedora falta de coherencia—: No he querido decir lo que antes he comentado de mi madre. —Tragó saliva—. Puedes disparar contra mí, Charlie, pero no podrás detenerme. Voy a salir.

Dejé la pistola sobre el cuaderno del escritorio.

—No tengo ninguna intención de disparar contra ti, Ted. Pero déjame recordarte que no has terminado de cumplir con tu deber.

—Es cierto —dijo Dick.

Y cuando Ted había dado ya dos pasos hacia la puerta, Dick se levantó de su asiento, avanzó unos pasos apresurados y le agarró por el cuello. En el rostro de Ted se reflejó una absoluta sorpresa.

—¡Eh, Dick! —murmuró.

—Se acabó eso de «¡eh, Dick!», hijo de perra.

Ted intentó darle un codazo en el vientre, pero sus brazos fueron inmovilizados rápidamente hacia atrás, uno por Pat y el otro por George Yannick.

Sandra Cross se levantó lentamente de su pupitre y avanzó hacia él recatada y tímida, como una niña en una carretera campestre. A Ted se le salían los ojos de las órbitas, como si estuviera medio loco. Saboreé lo que iba a ocurrir igual que se saborean los truenos antes de una tormenta de verano... y el pedrisco que la acompaña a veces.

Sandra se detuvo delante de él. Una expresión de devoción burlona, taimada, cruzó por su rostro y desapareció rápidamente. Extendió una mano y agarró a Ted por el cuello de la camisa. Los músculos del cuello de Ted se hincharon al intentar apartarse de ella. Dick, Pat y George le inmovilizaron como amortiguadores de coche. Sandra introdujo lentamente la mano en el interior del cuello abierto de la camisa caqui y empezó a abrirla, desgarrando los botones uno por uno. No se oía en el aula más que el leve «tic tic» de los botones al caer al suelo y echar a rodar. Ted no llevaba camiseta. Su carne era lisa y desnuda. Sandra se acercó como si fuera a besarla, y él le escupió en la cara.

Pocilga sonrió por encima del hombro de Sandra, el mugriento bufón de corte con la amante del rey.

—Podría sacarte los ojos —dijo a Ted—. ¿Te das cuenta? Podría sacártelos, ¡pop!, como si fueran aceitunas.

—¡Soltadme! Charlie, haz que me...

—¡Es un copión! —dijo en voz alta Sarah Pasterne—. Siempre mira mis hojas de respuestas en los exámenes de francés. ¡Siempre!

Sandra continuó frente a él, ahora con la mirada baja y una sonrisa dulce, arrulladora, curvando apenas la comisura de los labios. El índice y el corazón de su mano derecha tocaron ligeramente el resbaladizo salivazo que caía por su mejilla.

—Mira —susurró Billy Sawyer—. Aquí tengo algo para ti, guapito.

Se acercó de puntillas a Ted por detrás y le tiró del cabello.

Ted lanzó un grito.

—Y también miente en las vueltas en clase de gimnasia —dijo Don con voz ronca—. En realidad, dejaste el rugby porque no tenías narices para jugar, ¿verdad?

—Por favor —suplicó Ted—. Por favor, Charlie.

En su rostro había aparecido una sonrisa extraña y los ojos le brillaban con las lágrimas. Sylvia se había sumado al pequeño círculo formado a su alrededor. Debió de ser ella quien le arañó la cara, pero lo cierto es que no lo pude ver.

Se movían alrededor de Ted en una especie de danza lenta que resultaba casi hermosa. Los dedos pinchaban y estiraban, surgían preguntas, se lanzaban acusaciones. Irma Bates le metió una regla por la parte trasera de los pantalones. De repente, su camisa se desgarró por la mitad y voló al fondo del aula en dos retales. Ted respiraba con profundos y agudos estertores. Anne Lasky empezó a frotarle el puente de la nariz con una goma de borrar. Corky se escurrió hasta su pupitre como un ratón, encontró una botella de tinta y se la echó a Ted por el cabello. Un montón de manos se alzaron como pájaros y le embadurnaron enérgicamente.

Ted rompió a llorar y a pronunciar frases extrañas, inconexas.

—¿Hermano del alma? —exclamó Pat Fitzgerald. Sonreía mientras golpeaba levemente los hombros desnudos de Ted con un cuaderno, siguiendo un ritmo—. ¿Ser mi hermano del alma? ¿Así? ¿Un poco de ventaja? ¿Un poco de almuerzo gratis? ¿Sí? ¿Eh? ¿Eh? ¿Hermanos? ¿Ser hermanos del alma?

—Aquí tienes tu medalla, héroe —dijo Dick, al tiempo que levantaba la rodilla y golpeaba con ella el músculo del muslo de Ted, con gesto experto.

Ted lanzó un grito. Volvió sus ojos hacia mí. Eran los ojos de un caballo que se ha roto una pata en una valla alta.

—*Por favor..., por favooor, Charlie..., por favooor...*

Y entonces Nancy Caskin le metió en la boca un buen puñado de hojas de cuaderno. Ted intentó escupirlas, pero Sandra volvió a embutirlas en su boca.

—Esto te enseñará a no escupir —le dijo en tono de reproche.

Harmon se arrodilló y le quitó un zapato. Frotó la suela en el cabello entintado de Ted y luego la estampó en su pecho, dejando una enorme y grotesca huella en él.

—¡Prueba uno! —graznó.

Titubeante, casi con timidez, Carol se subió sobre el pie desnudo de Ted y retorció el tacón del zapato encima de sus dedos. Se oyó crujir algo en el pie de Ted, que rompió a llorar a lágrima viva.

Parecía suplicar algo desde detrás de la mordaza de papel, pero no había manera de saberlo con seguridad. Pocilga se adelantó como una araña y, de pronto, le mordió la nariz.

Hubo una repentina pausa. Advertí que había vuelto el cañón de la pistola de modo que el arma apuntaba ahora hacia mi cabeza pero, naturalmente, aquello no habría sido jugar limpio. Descargué el arma y la coloqué con cuidado en el cajón superior, sobre la guía del curso de la señora Underwood. Estaba completamente seguro de que todo aquello no entraba en absoluto en el plan de clase para el día.

Todos sonreían a Ted, que había perdido ya cualquier aspecto humano. En aquel breve abrir y cerrar de ojos, todos parecían dioses, jóvenes, sabios y dorados. Ted no parecía ningún dios. La tinta le corría por las mejillas en gruesas lágrimas azuloscuras. Le sangraba el puente de la nariz y un ojo brillaba inconexamente, sin mirar a ninguna parte. Entre sus dientes sobresalía la masa de papel. Respiraba resollando.

Tuve tiempo de pensar: «La hemos armado buena de verdad. Ahora sí que nos hemos lanzado a fondo».

La clase cayó sobre Ted.

31

Indiqué a Corky que subiera las persianas antes de salir. Lo hizo con movimientos rápidos y bruscos. Fuera parecía haber ahora cientos de coches patrulla, miles de personas. Faltaban tres minutos para la una.

El sol me hizo daño en los ojos.

—Adiós —dije.

—Adiós —murmuró Sandra.

Creo que todos ellos se despidieron antes de salir. Sus pasos hicieron un ruido curioso, lleno de ecos, mientras se alejaban hacia el vestíbulo. Cerré los ojos e imaginé un ciempiés calzado con zapatillas de baloncesto en cada una de sus patas. Cuando los volví a abrir, el grupo caminaba por el verde brillante del césped. Hubiera querido que utilizaran el camino, pues a pesar de todo lo que había sucedido, seguía siendo un césped magnífico.

La última imagen que recuerdo haber visto de ellos fue que sus manos iban manchadas de tinta azuloscura.

La gente les rodeó.

Uno de los periodistas, olvidando toda precaución, eludió a tres policías y corrió atropelladamente hacia donde estaban los chicos.

La última a quien vi ser engullida por la multitud fue Carol Granger. Creí verla volverse por un instante, pero no estoy seguro de que así fuera. Philbrick empezó a avanzar impasible hacia el edificio. Por todo el lugar destellaban los flashes de las cámaras fotográficas.

El tiempo se acababa. Me acerqué al lugar donde estaba Ted, apoyado contra el verde encerado. Estaba sentado con las piernas abiertas bajo el tablero de anuncios, lleno de avisos de la Sociedad Matemática de Norteamérica que nadie leía nunca y de tiras de comic de Snoopy (el colmo del humor, a juicio de la difunta señora Underwood), junto a un poster con el rostro de Bertrand Russell y una cita: «La gravedad por sí sola demuestra la existencia de Dios». Sin embargo, cualquier estudiante de creación aún no graduado podría haberle confiado a Bertrand Russell que había quedado demostrado más allá de toda duda que la gravedad no existe; la Tierra, sencillamente, absorbe.

Me puse en cuclillas junto a Ted. Le quité de la boca la bola de papeles de matemáticas arrugados y la arrojé a un lado. Ted se puso a babear.

—Ted.

Tenía la mirada perdida en el vacío, por encima de mi hombro.

—Ted —repetí, al tiempo que le daba unos golpecitos en las mejillas.

Él hizo ademán de encogerse mientras sus ojos miraban de un lado a otro, alocadamente.

—Te pondrás bien —le dije—. Llegarás a olvidar que este día ha existido.

Ted emitió unos sonidos inconexos, lloriqueantes.

—O quizá no. Quizá aprenderás de este día, Ted. Quizá sacarás provecho de él. ¿Acaso es tan imposible que así suceda?

Lo era. Tanto para él como para mí. Estar tan cerca de Ted había empezado a ponerme nervioso.

El intercomunicador volvió a quedar conectado con el habitual *clic*. Era Philbrick. Volvía a jadear estruendosamente.

—¿Decker?

—Aquí estoy.

—Sal con las manos en alto.

Emití un suspiro.

—Baja tú a buscarme, Philbrick. Estoy realmente cansado. Estos arrebatos psicóticos son un verdadero gasto para las glándulas.

—Está bien —dijo él, en tono duro—. Empezaremos a lanzar gases dentro de un minuto.

—Será mejor que no —repliqué. Miré a Ted. Él no me devol-

194

vió la mirada, que continuó fija en el vacío. Viera lo que viese allí, debía de ser algo muy sabroso, pues seguía babeando por la barbilla—. Os habéis olvidado de contar las narices. Si lo hubierais hecho, sabríais que todavía hay uno aquí abajo, conmigo. Está herido.

Esto último era un modo de hablar.

—¿Quién es? —dijo la voz de Philbrick, súbitamente precavida.

—Ted Jones.

—¿Qué heridas tiene?

—Se ha hecho daño en un pie.

—No le tienes ahí. Estás mintiendo.

—Yo no te mentiría, Philbrick. ¿Por qué iba a querer estropear con una mentira nuestra maravillosa relación?

No hubo respuesta. Un jadeo, un soplido, un carraspeo.

—Baja aquí —le invité—. La pistola está descargada. Está en el cajón del escritorio. Podemos jugar un par de manos de póquer y luego podrás sacarme ahí fuera y contar a los periodistas cómo lo conseguiste tú solo, sin más ayuda. Quizá salgas incluso en la portada del *Time* si lo organizamos bien.

Clic. Philbrick había cerrado el intercomunicador.

Cerré los ojos y me pasé las manos por la cara. Todo lo vi gris. Absolutamente gris. Ni siquiera un destello de luz blanca. Sin que viniera a cuento, pensé en la Nochevieja, cuando todo el mundo se agolpa en Times Square y gritan como chacales mientras la bola luminosa desciende por la columna, dispuesta a iluminar con su débil resplandor festivo los trescientos sesenta y cinco días siguientes en éste, el mejor de los mundos posibles. Siempre me he preguntado cómo sería verse en mitad de una de esas multitudes, gritando sin poder oír tu propia voz, con tu individualidad borrada momentáneamente y reemplazada por la ciega marea empática de la multitud bamboleante, llena de airada expectación, cadera contra cadera y hombro contra hombro junto a nadie en particular.

Me puse a llorar.

Cuando Philbrick entró por la puerta, dirigió una mirada a Ted, ausente y babeante, y luego volvió los ojos hacia mí.

—En nombre de Dios bendito, ¿qué...? —empezó a decir.

Hice un gesto como de buscar algo tras el montón de libros y plantas que ocupaba la superficie del escritorio de la señora Underwood.

—¡Aquí tienes, policía de mierda! —grité.

Él disparó tres veces.

32

Sujeto: CHARLES EVERETT DECKER, hallado culpable en el Tribunal Superior, en vista celebrada hoy, 27 de agosto de 1976, del asesinato premeditado de *Jean Alice Underwood*, y hallado culpable asimismo, en vista celebrada esta misma fecha de 27 de agosto de 1976, del asesinato premeditado de *John Downes Vance*.

QUE: según han establecido cinco psiquiatras del estado, el citado Charles Everett Decker no puede ser considerado en el momento actual responsable de sus actos, por razón de desequilibrio mental. Por eso, es decisión de este Tribunal que sea internado en el Hospital del Estado en Augusta, donde se le someterá a tratamiento hasta el momento en que se le reconozca responsable de sus actos.
FIRMO de mi puño y letra la presente.

(Firmado)
Juez Samuel K. N. Deleavney

En otras palabras, hasta que la luna se llene de mierda.

33

Informe interdepartamentos

DE: Dr. Andersen
A: Rich Gossage, Sección Administración
SUJETO: Theodore Jones

Rich:
Todavía soy reacio a utilizar tratamientos de *shock* con este chico, aunque no puedo explicarme las razones ni siquiera a mí mismo. Llámalo presentimiento. Naturalmente, no puedo dar como justificación «un presentimiento» ante el consejo de dirección o ante el tío de Jones, que paga la factura (la cual, en una institución privada como Woodlands, no resulta barata, como ambos sabemos). Si no observamos avances en las próximas cuatro o seis semanas, procederemos a la terapia habitual de *electroshocks*, pero de momento me gustaría continuar el programa farmacológico habitual, completado con algunas drogas no tan habituales. Pienso en el uso de la mescalina sintética y la psilocibina, con tu autorización. Will Greenberger ha logrado interesantes éxitos con pacientes semicatatónicos, como bien sabrás, y estos dos alucinógenos han desempeñado un papel muy importante en dicha terapia.
Jones es un caso muy extraño. ¡Maldita sea, si pudiéramos estar seguros de lo que sucedió en esa aula después de que el individuo ese, Decker, mandó cerrar las persianas!

El diagnóstico no ha cambiado. Estado catatónico profundo con algunos signos de deterioro.

Debo reconocer con toda franqueza, Rich, que no tengo las mismas esperanzas de hace unos meses respecto a la recuperación de este muchacho.

Tres de noviembre de 1976

34

Cinco de diciembre de 1976

Querido Charlie:

Me han dicho que ya puedes recibir correo, de modo que he pensado en escribirte unas líneas. Quizá hayas reparado en que la carta lleva matasellos de Boston; tu viejo colega ha dado por fin el Gran Paso y ahora tengo dieciséis horas de clase semanales en la universidad de aquí, la U.B. (que significa Universo de Basura). Todo es bastante soso menos la clase de Inglés. El profesor nos ha mandado leer un libro llamado *El cartero siempre llama dos veces*, que es realmente bueno, y he sacado un sobresaliente en el examen. El libro es de un tal James Cain. ¿Lo has leído? Tengo la intención de graduarme en Literatura Inglesa. ¿Cómo te suena eso? Debe de ser influencia tuya, pues siempre fuiste el cerebro de la pareja.

Vi a tu madre poco antes de dejar Placerville. Me dijo que ya casi estás curado y que te han quitado los últimos drenajes hace tres semanas. Me alegré mucho de saberlo. También me dijo que no hablabas casi nada. Desde luego, sería una gran pérdida para el mundo si cerraras el pico y te pasaras el día encogido en un rincón.

Aunque no he vuelto por Placerville desde que empezó el semestre, Sandy Cross me envió una carta con muchas noticias de todos los de allí. (¿Serán capaces esos cerdos de censurar esta parte? Apuesto a que leen todo el correo que te llega.) Sandy ha decidido no entrar en la universidad este año. Se limita a

200

dar vueltas por ahí, esperando a que suceda algo, supongo. Puedo decirte también que salí con ella un par de veces el verano pasado, pero me pareció que estaba algo distante. Me pidió que te dijera «hola», así que «hola» de parte de Sandy.

Quizá sepas lo que sucedió con Pocilga. Nadie podía creérselo en Placerville. Él y Dick Keene [la parte que sigue ha sido censurada por los posibles efectos nocivos sobre la tranquilidad del paciente], de modo que uno nunca puede saber por dónde va a salir la gente, ¿no te parece?

El discurso de final de curso de Carol Granger salió publicado en la revista *Adolescentes*. Si no recuerdo mal, trataba sobre «La integridad personal y una respuesta normal a ésta», o alguna feliz tontería por el estilo. Nos lo habríamos pasado bien criticando ese trabajo, ¿verdad, Charlie?

¡Ah, sí! Otra cosa: Irma Bates está saliendo con una especie de hippie de Lewiston. Creo que incluso participaron en una manifestación cuando Robert Dole vino a Portland para hacer campaña para las próximas elecciones presidenciales. Irma y su chico fueron arrestados, y les soltaron cuando Dole se hubo ido de la ciudad. La señora Bates no debe de entender nada de lo que está sucediendo. ¿Te imaginas a Irma intentando agredir a Robert Dole con un cartel de la campaña electoral de Gus Hall, el comunista? Ja, ja, realmente me parto de risa. También tendremos que celebrarlo, Charlie. ¡Caramba!, a veces echo de menos tu maldito culo, muchacho.

Grace Stanner, ese encanto de chica, se va a casar. El acontecimiento también ha causado sensación en la ciudad. Es algo que sobrecoge el ánimo [Lo que sigue ha sido censurado para evitar posibles efectos perjudiciales para el equilibrio del paciente]. En cualquier caso, uno nunca puede saber qué tipo de tonterías hará la gente en su vida, ¿verdad?

Bueno, creo que esto es todo por el momento. Espero que te estén tratando bien, amigo, porque tienes que salir de ahí en cuanto te lo permitan. Y si por fin te dejan recibir visitas, quiero que sepas que seré el primero en la cola.

Somos muchos los que te apoyamos, Charlie. Te apoyamos a tope.

La gente no ha olvidado, Charlie. Ya sabes a qué me refiero. Tienes que creerme.

Con cariño, tu amigo

Joe McK.

35

Hace casi dos semanas que no tengo sueños desagradables. Hago muchos rompecabezas. Me dan natillas de postre y me repugnan, pero las como de todas maneras. Creen que me gustan. Así pues, vuelvo a tener un secreto. Por fin, vuelvo a tener un secreto.

Mamá me ha enviado el anuario de la escuela. Todavía no lo he desembalado, pero quizá lo haga. Acaso lo abra la semana que viene. Creo que seré capaz de mirar todas las fotografías de los alumnos de último curso sin temblar en absoluto. Lo haré muy pronto. En cuanto me convenza de que no encontraré ninguna mancha en sus manos. Que sus manos estarán perfectamente limpias. Sin resto alguno de tinta. Quizá la próxima semana estaré seguro de ello.

Respecto a las natillas, se trata sólo de un pequeño secreto, pero tenerlo me hace sentir mejor. Me hace sentir de nuevo como un ser humano.

Eso es todo. Ahora, tengo que apagar la luz. Buenas noches.

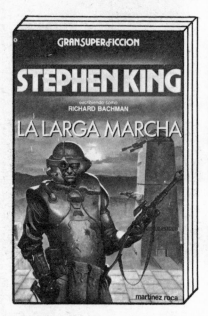